WAGENBACHS TASCHENBÜCHEREI

Staatssiegel der französischen Republik

Albert Souboul
Kurze Geschichte der Französischen Revolution

Mit einem Nachwort
Zum deutschen Jakobinismus

Verlag Klaus Wagenbach Berlin

Wagenbachs Taschenbücherei 23

Originaltitel der in der Reihe ›Que sais-je?‹ erschienenen Ausgabe:
»La Révolution française« © 1965 Presses Universitaires de France.
© der deutschen Ausgabe: 1977 Verlag Klaus Wagenbach
  Bamberger Straße 6, 1000 Berlin 30
Umschlag- und Titelmontage von Jürgen Holtfreter; alle übrigen Abbildungen mit freundlicher Genehmigung des Bildarchivs Preußischer Kulturbesitz
Satz: acomp, Wemding – Druck: aprinta, Wemding
Bindung: Hans Klotz, Augsburg
Alle Rechte vorbehalten. Printed in Germany
ISBN 3 8031 2023 3

Inhalt

Ursachen und Merkmale der Französischen Revolution 7
Feudalismus und Kapitalismus 9
Struktur und Konjunktur 13
  Gesellschaftliche Antagonismen 13
  Wirtschaftliche und demographische Schwankungen 26
Revolutionäre Spontaneität und Organisation 34
  Hoffnung und Angst 34 – *Die politische Praxis* 41

Neunundachtzig: Revolution oder Kompromiß? (1789–1792) 49
Die ›Abschaffung‹ der Feudalität 52
Der bürgerliche Liberalismus 57
Der unmögliche Kompromiß 63

Dreiundneunzig: Bürgerliche Republik oder Volksdemokratie (1792–1795) 75
Der Despotismus der Freiheit 76
  Girondisten und Montagnards (1792–1794) 76
  Montagnards, Jakobiner und Sansculotten (1793–1794) 80
Größe und Widersprüche der Republik des Jahres II 84
  Gesellschaftliche Tendenzen und politische Praxis der Volksbewegung 84
  Revolutionsregierung und Jakobiner-Diktatur 88
Die unerreichbare egalitäre Republik 94
  Stillstand und Niedergang der Volksbewegung (Frühjahr 1794) 94
  Der Fall der Revolutionsregierung und das Ende der Volksbewegung (Thermidor des Jahres II – Prairial des Jahres III) 97

**Fünfundneunzig: Liberalismus oder Diktatur?
(1795–1799)** 107
Das thermidorianische Erbe: Eigentum und Freiheit 108
Die monetäre Katastrophe und die Verschwörung für die Gleichheit (1795–1797) 113
Die politische Praxis: Vom direktorialen Liberalismus bis zum Autoritarismus des Konsulats 119

Die Französische Revolution in der Geschichte 129
Das Ergebnis der Revolution 129
Französische Revolution und bürgerliche Revolutionen 132

Nachwort zum deutschen Jakobinismus 142

Ursachen und Merkmale der Französischen Revolution

Die Revolution bedeutet in der Geschichte Frankreichs die Durchsetzung der bürgerlich-kapitalistischen Gesellschaft. Ihr wesentliches Merkmal besteht darin, durch die Zerstörung des grundherrlichen Regimes und der privilegierten Feudalordnungen die nationale Einheit des Landes verwirklicht zu haben: Der eigentliche Zweck der Revolution war, so Tocqueville in *L'Ancien Régime et la Révolution* (2. Buch, 1. Kap.), »überall den Rest der Institutionen des Mittelalters abzuschaffen«. Daß sie am Ende zur Errichtung einer liberalen Demokratie führte, verstärkt noch ihre historische Bedeutung. Wegen dieser beiden Aspekte (und in welthistorischer Perspektive) darf die Französische Revolution unbenommen als das klassische Modell der bürgerlichen Revolution gelten.

Die Geschichte der Französischen Revolution muß somit zwei Problemkreise berücksichtigen. Einerseits allgemeinere Probleme, die das historische Gesetz des Übergangs vom Feudalismus zum modernen Kapitalismus betreffen. Auf der anderen Seite aber auch Probleme, die aus der spezifischen Struktur der Gesellschaft am Ende des Ancien Régime herrühren, also den charakteristischen Merkmalen der Französischen Revolution im Vergleich zu anderen Typen ›bürgerlicher Revolution‹.

Einige Bemerkungen zur Terminologie sind unumgänglich. Uns sind die kritischen Bedenken gegenüber den verwendeten Begriffen *Feudalität* und *Feudalismus* bekannt. Georges Lefebvre hat anläßlich einer Debatte über den ›Übergang vom Feudalismus zum Kapitalismus‹ vorgebracht, daß sie nicht angemessen seien. Wie aber soll man dann jenen Typ ökonomischer und sozialer Organisation bezeichnen, den die Revolution zerstört hat und der sich nicht allein durch die Restbestände an Vasallentum und die Zersplitterung der öffentlichen Gewalt auszeichnete?

Diese Gesellschaft war geprägt durch die fortdauernde unmittelbare Aneignung der Mehrarbeit der Bauern durch die Grundherren. Die Frondienste und Verpflichtungen, denen die Bauern unterworfen waren, sowie die Natural- und Geldabgaben, die sie zu entrichten hatten, geben hierüber deutlich Auskunft.

Gewiß wird dem Wort *Feudalität* eine umfassendere Bedeutung verliehen, indem die materiellen Grundlagen des Regimes selbst mit einbezogen werden. In diesem Sinn freilich verstanden es auch die Zeitgenossen: weniger vielleicht die in institutionellen Problemen bewanderten Juristen oder die der Zersplitterung der öffentlichen Gewalt eher zugänglichen Philosophen; wohl aber die Bauern, die die Last des Feudalsystems zu tragen hatten, und die Revolutionäre, die es stürzten. In diesem Sinn verstand es gleichfalls auch der scharfsichtige Beobachter Tocqueville, der in seinem *L'Ancien Régime et la Révolution* (1. Buch, 5. Kap.) schreibt, daß die Revolution »alles vernichtet hat, was in der alten Gesellschaft aus den aristokratischen und feudalen Institutionen herrührte«.

Feudalität wird also nicht im juristisch eingeschränkten Sinn verstanden, sondern als Begriff der Wirtschafts- und Sozialgeschichte. Damit definiert sich der Feudalismus durch eine bestimmte Eigentumsform und eine historische, auf dem Grundeigentum aufbauende Produktionsweise, die dem modernen Kapital und der kapitalistischen Produktionsweise vorausgingen. Es braucht nicht weiter betont zu werden, daß der so verstandene Feudalismus je nach Entwicklungsstand, aber auch je nach Land und Region vielfältige Schattierungen aufweist. Die historische Rolle der Französischen Revolution bestand darin, durch die Zerstörung der in diesem Sinne definierten Feudalität den Übergang zur kapitalistischen Gesellschaft gesichert zu haben.

Feudalismus und Kapitalismus

Am Ende des 18. Jahrhunderts war die Sozialstruktur Frankreichs weiterhin in ihrem Kern aristokratisch: sie bewahrte den Charakter ihres Ursprungs, d. h. jener Epoche, in der der Grund und Boden die einzige Form gesellschaftlichen Reichtums bildete und folglich denjenigen, die ihn besaßen, Macht verlieh über diejenigen, die ihn lediglich bearbeiteten.
Die Kapetinger* hatten zwar im Zuge langwieriger Anstrengungen den Seigneurs [Lehnsherren] die Ausübung ihrer Regalien [Hoheitsrechte] aus der Hand genommen; diese bewahrten jedoch all ihre gesellschaftlichen und wirtschaftlichen Privilegien. Die grundherrlichen Rechte unterstrichen nach wie vor die Abhängigkeit der Bauern.
Die Wiederbelebung des Handels sowie die Entwicklung der Handwerksproduktion hatten indessen seit dem 10. und 11. Jahrhundert eine neue Form des Reichtums, nämlich das bewegliche Eigentum, und damit eine neue Klasse, die Bourgeoisie, geschaffen, deren Bedeutung mit der Aufnahme in die Generalstände schon im 14. Jahrhundert bestätigt wurde.
Ihr Aufstieg innerhalb der Feudalgesellschaft folgte demselben Rhythmus, der auch die Entwicklung des Kapitalismus bestimmte; der Aufschwung wurde ebenso durch die großen Entdeckungen während des 15. und 16. Jahrhunderts und die Ausbeutung der kolonialisierten Länder wie auch durch die finanziellen Operationen einer Bourgeoisie vorangetrieben, die stets knapp bei Kasse war.
Im 18. Jahrhundert stand die Bourgeoisie an der Spitze von Finanz, Handel und Industrie; sie stellte die Verwaltungskader der Monarchie und lieferte das für die Staatsgeschäfte notwendige Geld. Die Aristokratie, deren Rolle

---

* Frz. Königsgeschlecht rheinfränkischer Herkunft; die K. erlangten mit Hugo Capet 987 die Krone. 1328 ging die Reg. auf Nebenlinien der K. über: zuerst an die Valois, 1498 an die Orléans und Angoulême, 1589 an die Bourbonen (bis 1792 und von 1814–1830) und nochmals an die Orléans von 1830–1858.

fortlaufend an Bedeutung verlor, nahm zwar weiterhin die erste Stelle in der gesellschaftlichen Hierarchie ein; sie erstarrte jedoch zur Kaste, während die Bourgeoisie an Zahl und wirtschaftlicher Macht, aber auch an Bildung und Selbstbewußtsein zunahm.

Mit der Aufklärung, die die ideologischen Grundlagen der herrschenden Ordnung untergrub, verstärkte sich das Klassenbewußtsein der Bourgeoisie. Klassenbewußtsein und gutes Gewissen in einem: als aufsteigende, vom Fortschritt überzeugte Klasse war sie der Meinung, das allgemeine Interesse zu repräsentieren und die Verpflichtung gegenüber der Nation zu übernehmen; als fortschrittliche Klasse übte sie auf die Volksmassen wie auch auf abweichende Gruppen eine unwiderstehliche Anziehungskraft aus. Freilich geriet der bürgerliche Ehrgeiz, getragen von der gesellschaftlichen und ökonomischen Realität, noch in Konflikt mit dem aristokratischen Geist der Gesetze und Institutionen.

Diese Merkmale trennten Frankreich jedoch nicht vom übrigen Europa. Überall hatte sich der Aufstieg der Bourgeoisie innerhalb der Schranken der Feudalgesellschaft selbst und zum Schaden der Aristokratie vollzogen. Doch da die verschiedenen europäischen Länder einen recht unterschiedlichen Anteil an der Entfaltung der kapitalistischen Wirtschaftsform hatten, waren diese Merkmale auch unterschiedlich stark ausgeprägt. So hatten etwa Holland und England bereits im 17. Jahrhundert ihre bürgerliche Revolution vollendet, während im Herrschaftsbereich der großen Monarchien Mittel- und Osteuropas die nationalen Bourgeoisien zahlenmäßig gering und ohne großen Einfluß blieben.

In Frankreich wurde der Aufschwung der kapitalistischen Wirtschaft, auf dem die Macht der Bourgeoisie basierte, in der zweiten Hälfte des 18. Jahrhunderts noch gebremst durch die feudalen Rahmenbedingungen der Gesellschaft sowie durch die traditionelle, reglementierte Organisation von Eigentum, Produktion und Handel. »Diese Ketten müßten gesprengt werden«, schreiben die Verfasser des *Kommunistischen Manifests*, und »sie wurden gesprengt«. Damit stellte sich das Problem des Übergangs vom Feudalismus zum Kapitalismus, und das ist den klarsichtigsten Zeitgenossen keineswegs entgangen. Die revolutionäre Bourgeoisie war weit davon entfernt, sich von einem abstrakten Idealismus leiten zu lassen, wie Taine* es gerne wollte; sie besaß vielmehr ein klares Bewußtsein von der ökonomischen Wirklichkeit, die ihre Stärke ausmachte und ihren Sieg bestimmte.

Mehr als ein halbes Jahrhundert vor Marx hat Barnave als erster die Theorie der bürgerlichen Revolution formuliert. Großgeworden im Dauphiné, im Zentrum jener industriellen Betriebsamkeit, die, wenn wir dem Bericht des Manufaktur-Inspektors Roland von 1785 glauben wollen, diese Provinz wegen der Verschiedenartigkeit und Dichte ihrer Unternehmen sowie der Bedeutung ihrer Produktion zu einer der führenden des Königreiches machte, gewann Barnave die Überzeugung, daß das *industrielle Eigentum den politischen Auftritt der Klasse nach sich zieht, in deren Händen* *liegt.*

In seiner 1792 geschriebenen, aber erst 1843 veröffentlichten *Introduction à la Révolution française* postuliert er zunächst den Grundsatz, daß das Eigentum die Institutionen *beeinflußt*, um dann festzustellen, daß die von der Grundbesitz-Aristokratie geschaffenen Institutionen das Aufkommen der neuen Gesellschaft behindern und verzögern: »Die Herrschaft der Aristokratie dauert solange, wie das Landvolk fortfährt, die Technik zu ignorieren oder zu vernachlässigen, und wie das Grundeigentum weiterhin den einzigen Reichtum bildet . . .«. »Sobald Handel und Technik sich im Volk auszubreiten beginnen und eine neue Quelle des Reichtums zugunsten der arbeitenden Klasse schaffen, bereitet sich eine Revolution in den politischen Strukturen vor; eine neue Verteilung des Reichtums bewirkt eine neue Verteilung der Macht. Wie der Landbesitz die Aristokratie an die Spitze gebracht hat, bringt das industrielle Eigentum die Macht des Volkes hervor, es ermöglicht seine Freiheit . . .«. Wenn Barnave von Volk spricht, müssen wir darunter ›Bourgeoisie‹ verstehen.

Nachdem Barnave so klar die notwendige Beziehung zwischen den politischen Institutionen und der ökonomischen Entwicklung festgestellt hat, bringt er diese mit der geistigen Entwicklung in Zusammenhang: »In dem Maße, wie die Technik, die Industrie und der Handel der arbeitenden Klasse des Volkes zu Reichtum verhelfen, die großen Grundeigentümer ärmer werden lassen und über diesen Tatbestand die Unterschiede zwischen den Klassen verwischen, bringen die Fortschritte in der Erziehung sie über die Sitten einander näher und rufen – nach einer langen Zeit des Vergessens –, die ursprünglichen Ideen der Gleichheit ins Gedächtnis zurück.«

* Hippolyte Taine, französischer Historiker (1828–1893); s. auch Literaturverzeichnis S. 158

Neben der Gleichheit mit der Aristokratie forderte die Bourgeoisie die Freiheit: natürlich die politische Freiheit, aber mehr noch die ökonomomische Freiheit, die des Unternehmens und des Profits.

Der Kapitalismus erforderte diese Freiheit, weil er sie für seinen Aufschwung brauchte, und zwar jegliche Form der Freiheit: Freiheit der Person als Bedingung für den Verkauf der Arbeitskraft, Freiheit der Güter als Bedingung ihrer Beweglichkeit, Freiheit des Geistes als Bedingung der Forschung sowie der wissenschaftlichen und technischen Entdeckungen.

Daß die tieferen Ursachen für die bürgerliche Revolution in den feudalen Überresten und den Widersprüchen der alten Gesellschaft zu suchen sind, die der Entwicklung von neuen Formen der Produktion und des Austauschs im Wege standen, hatten schon die niederländische Revolution seit dem Ende des 16. Jahrhunderts und die englische im 17. Jahrhundert gezeigt.

Aber dieser Aspekt erklärt nicht alle Merkmale der französischen Revolution. Die Gründe dafür, daß sie zum gewaltsamen Ausbruch der Klassenkämpfe wurde, die die Bourgeoisie an die Macht gebracht haben, sind vielmehr in den Besonderheiten der französischen Gesellschaft des Ancien Régime zu suchen.

Struktur und Konjunktur

Gesellschaftliche Antagonismen

Die Aristokratie, (d. h. Adel und *hoher* Klerus, und zwar nur der hohe Klerus, denn der geistliche Stand repräsentierte keineswegs eine soziale Einheit), stellte ein doppeltes Problem dar, ein soziales und ein politisches.
In sozialer Hinsicht muß statt auf die Abstufungen und Widersprüche innerhalb der Ränge der Aristokratie stärker auf die grundlegenden, verbindenden Merkmale eingegangen werden: diese sind etwa an der englischen Aristokratie zu messen, die weder das Steuerprivileg noch den Adelsverlust kannte. Zweifellos bildete der französische Adel keine homogene Einheit, vielmehr waren im Verlauf der historischen Entwicklung Differenzierungen innerhalb des Standes eingetreten: so gab es den traditionellen Schwertadel und den erblichen Amtsadel, den Hofadel und den Provinzadel, beide Adel von Geblüt, aber mit unterschiedlichem Lebensstil. Zweifellos erwies sich noch im Verlauf des 18. Jahrhunderts Geld (als Form materiellen Reichtums) für den Adel wie auch für die Bourgeoisie als unabdingbar, wodurch die Rangordnung tendenziell aufgelöst wurde.
Wer arm war, galt nichts, selbst beim Schwertadel. Wer den Adelstitel erwerben wollte, mußte schon deshalb reich sein, um seinen Rang halten zu können. Aus den höheren Schichten der Aristokratie ging eine Minderheit hervor, die sich aufgrund ihres Geldes und Unternehmungsgeistes, ihrer Sitten und Ideen der Bourgeoisie annäherte. Die Masse des Adels aber entzog sich dieser Erneuerung, klammerte sich engstirnig an ihre Privilegien und verharrte in ihrer überkommenen Haltung.
Wenn der Exklusivitätsanspruch des Adels auch nicht erst aus dem 18. Jahrhundert stammt, so verstärkte er sich doch beträchtlich gegen Ende des Ancien Régime: für die ›Nichtadligen‹ schlossen sich die Armee (die in diesem Zusammenhang berühmteste Maßnahme ist die von 1781), die Kirche (1789 sind alle Bischöfe adlig) und die höhere Verwaltung (Schluß mit der Herrschaft der ›gemeinen Bourgeoisie‹). »Auf diese oder jene Weise«, schreibt Sieyès in seiner Broschüre *Was ist der Dritte Stand?*, »sind auch alle Zweige der vollziehenden Gewalt der Kaste zugefallen, die die Kirche, die Justiz und das Militär stellt. Ein gewisser Korpsgeist bewirkt, daß die Adligen sich gegenseitig und insgesamt gegenüber dem Rest der Nation bevorzugen. Die Usurpation ist vollständig. Sie sind es, die in Wahrheit herrschen.«
Zwischen Schwertadel, Amtsadel und aufgestiegener Finanzaristokratie sorgte die Gemeinsamkeit der Interessen für eine schnelle Verschmelzung: in der gemeinsamen Bekräftigung der Privilegien wurden die Unterschiede in der Herkunft verwischt.

Der kleine Provinzadel war noch stärker an den Status quo fixiert, in ihm gründete seine ganze Existenz: auf die grundherrlichen Abgaben zu verzichten oder auch nur Steuern zu zahlen, hätte seinen Ruin beschleunigt. Da das Erstgeborenenrecht dem Namenserben das elterliche Gut vorbehielt, ließ das Schicksal des Adelsverlustes die Nachgeborenen stets am Rande des Elends dahinleben.
In einigen Provinzen gab es so eine wahre ›Adelsplebs‹, um einen Ausdruck von Albert Mathiez [s. Literaturverzeichnis] aufzunehmen, die jegliche Konzession verweigerte und Gefangene ihrer Tradition blieb.
»Welcher Platz kann« innerhalb der Nation »für die Kaste der Adligen gefunden werden«? fragt Sieyès. Am schlechtesten wäre der Staat geordnet, »in dem eine ganze Klasse von Bürgern sich eine Ehre daraus machen würde, inmitten der allgemeinen Tätigkeit untätig zu bleiben und den größten Teil der Erzeugnisse verbrauchen dürfte, ohne das Geringste zu ihrer Erzeugung beigetragen zu haben. Eine solche Klasse gehört wegen ihrer *Faulheit* ganz gewiß nicht zur Nation.«
Als die Existenz der Privilegien infrage gestellt war, konnte sich da der König, ›erster Edelmann des Königreiches‹, darein fügen und seinen ›treuen Adel‹ aufgeben? Der Monarchie wie der Aristokratie blieb kein anderer Ausweg als die Konterrevolution.
In politischer Hinsicht hat sich die Aristokratie im Verlauf des 18. Jahrhunderts gegen den königlichen Absolutismus erhoben und ihn beharrlich untergraben. Neben dem Aufschwung des bürgerlichen Denkens und der Aufklärungsphilosophie war diese Epoche aber nicht minder durch eine in Boulainvilliers, Montesquieu oder Le Paige verkörperte aristokratische ideologische Gegenströmung gekennzeichnet.
Diese rechtfertigte das Feudalwesen durch die Eroberung und bezeichnete die Adligen als Nachfahren germanischer Eroberer, die das Recht der Waffen zu Grundherren gegenüber den zur Leibeigenschaft gezwungenen Gallo-Römern gemacht hatte. Da die Könige gewählt worden waren, mußte die Aristokratie älter sein als die Monarchie.
Aus diesem ideologischen Arsenal haben Schwert- und Amtsadel ihre Argumente geschöpft, um während des gesamten 18. Jahrhunderts Angriffe auf die königliche Autorität zu starten, wobei sie – im Schutze jener Festungen aristokratischer Exklusivität, in die sie sich eingenistet hatten (den souveränen Höfen, Provinzialständen und Versammlungen des Klerus) – die Rechte des Parlaments ausnutzten, da das Pariser Parlament die Befugnis hatte, königliche Erlasse in die Register einzutragen oder nicht.
Tatsächlich vermochten die Höfe und Stände, die sich die Rolle der Verteidiger der Steuerpflichtigen anmaßten und jeden Versuch einer Steuerreform abwiesen, die Sonderrechte vor jeder Beeinträchtigung zu schützen. 1771 hatte Maupeou die Justizoligarchie zerschlagen; doch Ludwig XVI. setzte sie nach seiner

Thronbesteigung wieder in ihre Rechte ein; der Fall Turgots* war unter anderem ihr Werk. Der Angriff nahm in der Folge eine umfassendere Dimension an; er wurde im Namen der Freiheit, und zwar derjenigen der Aristokratie, geführt: Schwert- und Amtsadel machten gemeinsame Sache gegen die Zentralgewalt, wobei sich Parlamente und Provinzialstände gegenseitig unterstützten. Ihren Höhepunkt erfuhr die aristokratische Opposition in dem, was Albert Mathiez ›die Adelsrevolte‹ und Georges Lefebvre ›die aristokratische Revolution‹ (1787–1788) genannt haben: »Die Patrizier«, schrieb Chateaubriand, »begannen die Revolution; die Plebejer vollendeten sie.«

Alle zunächst von Calonne**, dann seinem Nachfolger Loménie de Brienne** vorgeschlagenen Reformversuche wurden durch den Widerstand der Notabelnversammlung, die am 22. Februar 1787 zusammengetreten war, sowie durch die Revolte des Pairgerichtshofes und der Provinzialparlamente unterbunden. So hatte das Pariser Parlament am 23. September 1788 den Beschluß gefaßt, wonach die Generalstände, die durch die Unterbrechung des Hofrates am 8. August 1788 für den 1. Mai des folgenden Jahres einberufen worden waren, sich wie 1614 auf der Grundlage von drei Ständen mit gleicher Abgeordnetenzahl zu bilden und auch getrennt abzustimmen hätten. Die Aristokratie, die der Königsmacht ihren Willen aufgezwungen hatte, ging damit aus diesen Auseinandersetzungen als Sieger hervor.

›Aristokratische Revolution‹ . . . ? – Der Ausdruck erscheint zwiespältig. Zwar war der Adel gewillt (was die Beschwerdebriefe dokumentierten), ein konstitutionelles Regime sowie die Abstimmung über die Steuern durch die Generalstände anzuerkennen; zwar forderte er die Übernahme der Verwaltungstätigkeit durch gewählte Provinzialstände (General- und Provinzialstände, die er dank der Aufrechterhaltung der aristokratischen Struktur dominieren wollte), auch zeigte er sich besorgt um die individuelle Freiheit; er war jedoch weit entfernt von einer Anerkennung der Steuergleichheit und blieb einmütig in Hinblick auf die Wahrung der seigneurialen Rechte. Daran ist nicht zu rütteln: die Aristokratie hat den Kampf gegen den Ab-

---

* Anne Robert *Turgot*, Baron de l'Aulne (1727–1781), seit 1761 Intendant [Steuerpächter] von Limoges, Physiokrat; 1774–1776 Finanzminister Ludwigs XVI.; entwarf – wie *Maupeou* – ein Reformprogramm für die Monarchie.

** *Calonne* und Loménie *de Brienne* sahen in der Errichtung der Steuergleichheit das einzige Heilmittel gegen die Finanzkrise der Monarchie; der von Calonne entwickelte *Plan zur Verbesserung der Finanzen* berücksichtigte fiskalische, wirtschaftliche und administrative Gesichtspunkte.

solutismus nur begonnen, um ihr politisches Übergewicht wieder herzustellen und die überholten sozialen Privilegien zu retten; ein Kampf, den sie konsequent bis zur Konterrevolution fortsetzte.

Die Problematik dieser ›Zwischenetappe‹ ist in unserer Zeit erneut aufgegriffen worden, wobei der Akzent nicht mehr auf dem sozialen Gehalt dieser Entwicklung, sondern auf dem Reformwillen der Monarchie lag. D. h. auf der von Calonne vorgeschlagenen, dann von Brienne wieder zur Diskussion gestellten Steuerreform, und weiter auf allen Reformen, die Brienne in Angriff nahm: angefangen bei der zentralen Verwaltung der Finanzen und des Handels bis zur Heeresreform, der Reform der Provinzialversammlungen, des Justizwesens bis hin zum Zivilstand der Nichtkatholiken.

Mutig waren Loménie de Brienne und seine Mitarbeiter die Erneuerung eines zum Untergang verurteilten Regimes angegangen: lag es in ihrer Macht, dessen sozialen Kern zu ändern? Die Mehrzahl der Privilegierten war zu Opfern nicht bereit; selbst begrenzte und partielle Reformen hätten ihren Interessen geschadet und ihre Versuche gefährdet.

Die grundherrliche Gerichtsbarkeit wurde zwar verurteilt, doch war keine Rede davon, an den Feudalrechten zu rühren.

Die Heeresreform nahm auf die Vorrangstellung des Hofadels Rücksicht und verweigerte den Nichtadligen beharrlich den Zugang zu den Offiziersrängen. Um der Aristokratie entgegenzukommen, wurde die Macht der Intendanten [Steuerpächter] eingeschränkt, ihre Befugnisse wurden den Provinzialversammlungen zugeschlagen: allerdings blieb deren Ständeeinteilung gewahrt und der Vorsitz den Privilegierten vorbehalten.

Wenn Adel und Klerus auch einen Teil ihres Steuervorrechts einbüßten, so behielten sie doch ihre soziale Vorherrschaft und der Klerus zusätzlich seine traditionelle Verwaltungsautonomie. Die Reformen stellten die aristokratische Struktur des Ancien Régime nicht infrage. Kann man dann aber, angesichts der Tatsache, daß es sich um die Einleitung einer bürgerlichen Revolution handelt, von einer ›Vor-Revolution‹ sprechen? Statt auf die Reformansätze sollte das Hauptaugenmerk doch wohl auf den siegreichen Widerstand der Aristokratie gelegt werden. Während diese aber beharrlich die königliche Macht untergrub, übersah sie die Tatsache, daß sie damit die natürliche Verteidigungsinstanz ihrer Privilegien zugrunde richtete: Die Revolte der Aristokratie ebnete dem Dritten Stand den Weg.

Der Dritte Stand umfaßte, in seinen Rängen gemischt, alle Nichtadligen, also nach Sieyès 96 Prozent der Nation. Diese rechtliche Einheit umfaßte sehr unterschiedliche soziale Gruppen, deren jeweiliges Handeln den wechselvollen Verlauf der Revolution bestimmen sollte.
Daß die Bourgeoisie die Revolution geführt hat, ist heute eine unbestrittene Tatsache. Dennoch muß festgehalten werden, daß die Bourgeoisie innerhalb der Gesellschaft des 18. Jahrhunderts keine homogene Klasse bildete. Einige ihrer Fraktionen waren in die Strukturen des Ancien Régime integriert und profitierten mehr oder weniger von den Privilegien der herrschenden Klasse: entweder durch Eigentum an Grund und Boden und die grundherrlichen Abgaben, durch die Zugehörigkeit zum Staatsapparat oder durch die Leitung traditioneller Finanz- und Handelsunternehmen. So waren sie dann auch in unterschiedlichem Maße von der Revolution betroffen.
Die Rolle der großen Handels- und Industriebourgeoisie muß ebenso für die Gesellschaft des Ancien Régime wie für den Verlauf der Revolution genau bestimmt werden. Der Kapitalismus war wesentlich noch Handelskapitalismus. Er beherrschte einen bedeutenden Produktionssektor sowohl in den Städten als auch auf dem Land, wo Händler-Fabrikanten Heimarbeiter für sich produzieren ließen. Der Handelskapitalismus stellt – historisch gesehen – eine Übergangsphase dar. Zur Revolutionierung des überkommenen Produktions- und Tauschsystems, in das er teilweise integriert war, trug er nichts Wesentliches bei.
Die mit ihm verbundene Bourgeoisie erwies sich ziemlich schnell als Anhänger eines Kompromisses. Könnte man

unter diesem Gesichtspunkt nicht eine gewisse logische Kontinuität von den Monarchisten bis zu den Feuillants* und Girondisten** unterstreichen? Mounier, der Wortführer der Monarchisten, schrieb später, daß es sein Ziel gewesen sei, »den Lehren der Erfahrung zu folgen, sich den vermessenen Neuerungsbestrebungen entgegenzustellen und im Rahmen des bestehenden Regierungssystems nur die zur Aufrechterhaltung der Freiheit notwendigen Veränderungen vorzuschlagen«.

Was die Girondisten betrifft, deren Verbindungen mit der Bourgeoisie der Hafenstädte und des großen Kolonialhandels bekannt genug sind, so wird deren soziale und politische Position durch das Beispiel Isnard erhellt: Dieser, Konventsabgeordneter des Var, berühmt durch seine Schmähschrift gegen Paris vom 25. Mai 1793 (›Bald schon wird man die Ufer der Seine danach absuchen, ob es Paris je gegeben hat‹), war Händler, der sich auf Öle en gros und Getreideimport spezialisiert hatte. Außerdem war er Eigentümer einer Seifen- und einer Zwirnmanufaktur. Dies ist ein bezeichnendes Beispiel dafür, daß eine etwaige industrielle Aktivität dem Handelskapital untergeordnet blieb und die traditionellen Produktionsverhältnisse unverändert ließ: in sozialer wie wirtschaftlicher Hinsicht war die Industrie nach wie vor von minderer Bedeutung.

Die nicht mehr zu übersehende Existenz einer kleinen und mittleren Bourgeoisie kennzeichnete bereits die französische Gesellschaft. Der größte Teil der lokalen Produktion lag in den Händen von Handwerkern, unabhängigen Produzenten und direkten Verkäufern. Allerdings herrschte innerhalb des Handwerkertums eine extreme Vielfalt, was die rechtliche Stellung und das soziale Niveau betraf. Es gab zahlreiche Abstufungen von der mittleren Bourgeoisie bis hin zu den *kleinen Leuten*, die direkte Handarbeit leisteten.

---

* Mitglieder im Klub der Feuillants (im alten Kloster der Feuillantiner bei den Tuilerien); gemäßigte Republikaner (1792).
** Fraktion der ›Linken‹ in der Gesetzgebenden Versammlung, deren Politik von glänzenden Rednern geprägt wurde, die vom Departement Gironde gewählt worden waren.

Bestimmte Berufe, zum Beispiel die Sechs Innungen in Paris, genossen hohe Achtung, und ihre Mitglieder zählten zu den Notabeln. Man hat häufig die Meinung der Frau des Konventsmitgliedes Lebas zitiert, einer Tochter des ›Tischlers‹ Duplay (worunter natürlich Tischlereiunternehmer zu verstehen ist) – dem Hauswirt Robespierres – wonach ihr Vater aus Sorge um seine bürgerliche Würde niemals einen seiner ›Diener‹, d. h. seiner Arbeiter, an seinem Tisch geduldet hätte. Daran können wir den Abstand ermessen, der Jakobiner und Sansculotten*, kleine und mittlere Bourgeoisie und die wirklichen Volksklassen trennte. Trotzdem läßt sich die Grenze zwischen ihnen nur schwer ausmachen.

In der Gesellschaft des Ancien Régime mit aristokratischer Vorherrschaft waren die unter dem Oberbegriff des Dritten Standes zusammengefaßten sozialen Schichten nicht deutlich voneinander geschieden; die handwerkliche Produktion und das Krämersystem des Tauschhandels schufen unmerkliche Übergänge zwischen Volk und Bourgeoisie. Der Geselle, der mit dem Kleinhandwerker zusammenarbeitete und bei ihm lebte, teilte dessen Mentalität und materielle Existenzbedingungen. Vom Handwerker zum Unternehmer gab es zahllose Abstufungen, und die Übergänge vom einen zum andern waren nur graduell. An der Spitze der Hierarchie gab es fast unmerkliche Veränderungen, die dennoch einen abrupten Wandel zur Folge hatten: auf dem ersten Rang der Mittelklasse und schon an der Grenze zur wirklichen Bourgeoisie ließen die Bedeutung des Unternehmens, eine gewisse Verwandtschaft mit den freien Berufen sowie Sonderregelungen oder spezielle Reglementierungen den Buchhändler, Druckereibesitzer, Apotheker, Postmeister und den einen oder anderen wohlhabenden Unternehmer eine gehobene Stellung einnehmen. Freilich mußten diese, wenn sie die Krämer und Gesellen von oben herab behandelten, irritiert sehen, daß die eigentlichen Bourgeois ihnen gegenüber ähnlich verfuhren.

---

* Die Sansculotten schlugen Maßnahmen zur Einschränkung der wirtschaftlichen Freiheit und soziale Maßnahmen zur Verbesserung der Situation der breiten Volksmassen vor.

Auf diesen sozialen Zwischenschichten lasteten die Widersprüche einer zwiespältigen Lage. In ihren Existenzbedingungen waren die Handwerker zwar von den Volksklassen, d. h. oft von deren Elend, abhängig, doch besaßen sie immerhin einen kleinen Laden und ihr Werkzeug; Lehrlinge und Gesellen unter ihrer Fuchtel zu halten, hob noch ihre bourgeoise Mentalität. Ihre Bindung an das System der Kleinproduktion und des direkten Verkaufs brachte sie jedoch in Gegensatz zur Handelsbourgeoisie und zum Kaufmannskapital: die Handwerker, die sich durch die Konkurrenz der Manufaktur bedroht fühlten, schreckte mehr als alles andere die Aussicht, für den Händler-Fabrikanten arbeiten zu müssen und so auf den Status von Lohnabhängigen herabgedrückt zu werden. Von daher lassen sich die widersprüchlichen Forderungen der Handwerker und Kleinladenbesitzer, die die Kader der Volksbewegung waren, begreifen: Sie wehrten sich gegen die Konzentration des Eigentums in den Händen der Großfabrikanten und waren doch selbst Eigentümer. Sie verlangten die Taxierung der Nahrungsmittel und der Rohstoffe und wollten doch auch ihre Profitfreiheit gewahrt sehen.

Die Forderungen dieser Krämer- und Handwerksschichten setzten sich um in leidenschaftliche Anklagen, in revoltierende Begeisterung, was höchst wirksam die Zerstörung der alten Gesellschaft vorantrieb; aber sie vermochten sich nicht in einem homogenen Programm zu konkretisieren.

Den eigentlichen Volksschichten fehlte Klassenbewußtsein.

Infolge der noch beschränkten technischen Entwicklung weder spezialisiert noch in Großunternehmen oder Industrievierteln konzentriert, vielmehr auf kleine Werkstätten verstreut, waren die Lohnabhängigen, die sich zuweilen kaum von der Bauernschaft unterschieden, ebensowenig wie die Handwerker in der Lage, ihrem Elend mit wirksamen Mitteln zu begegnen: die Schwäche der Gesellenvereine bestätigt dies.

Haß auf die Aristokratie und der unüberbrückbare Gegensatz zu den ›Dicken‹ und Reichen hielten die arbeitenden Massen zusammen. Als Mißernten und die sich daraus zwangsläufig ergebende Wirtschaftskrise sie einmal in Bewegung gesetzt hatten, stellten sie sich – nicht als getrennte Klasse, sondern verbunden mit den Handwerkern – hinter die Bourgeoisie: so wurden der alten Gesellschaft die wirksamsten Schläge zugefügt.

Doch dieser Sieg der Volksmassen kann nur ein ›bürgerlicher Sieg‹ sein: Das Bündnis mit dem Volk gegen die Aristokratie akzeptierte die Bourgeoisie allein deshalb, weil die Massen ihr untergeordnet blieben. Im entgegengesetzten Fall hätte sie aller Wahrscheinlichkeit nach – ähnlich wie in Deutschland im 19. Jahrhundert und zum Teil in Italien – auf die Unterstützung dieser bedrohlichen Verbündeten verzichtet.

Die Bauern spielten eine nicht weniger bedeutende Rolle in der Französischen Revolution. 1789 bestand die überwiegende Mehrheit der Bauernschaft schon seit langem aus freien Bauern; Leibeigenschaft war lediglich noch in einigen Regionen zu finden, vor allem im Nivernais und im Hochburgund. Doch wie die Zinsen an die Grundherren und die kirchlichen Zehntabgaben bezeugen, herrschten auf dem Land immer noch feudale Produktionsverhältnisse.

Der Zehnt, nun häufig seiner ursprünglichen Bestimmung entfremdet und mit den herkömmlichen Nachteilen einer Naturalsteuer behaftet, schien um so unerträglicher, als der Preisanstieg auch den daraus zu schlagenden Profit hatte steigen lassen: in Zeiten der Hungersnot war er dem Nahrungsmittelkontingent der Bauern entnommen worden.

Noch unpopulärer und gewiß ebenso belastend waren die fortwirkenden grundherrlichen Rechte. Den Historikern, die heute dazu neigen, die Bedeutung der Feudalherrschaft am Ende des Ancien Régime zu schmälern, hat Tocqueville schon im Vorhinein durch ein Kapitel seines Buches *L'Ancien Régime et la Révolution* geantwortet. ›Warum die Feudalrechte in Frankreich dem Volke verhaßter geworden waren als anderswo‹: Wäre der Bauer nicht Eigentümer seines Bodens gewesen, hätte er weniger die Lasten gespürt, mit denen das Feudalsystem das Grundeigentum belegte.

Zweifellos müßte von einem streng juristischen Standpunkt aus unterschieden werden zwischen dem eigentlich Feudalen und dem (Grund-)Herrschaftlichen. Die Feudalrechte ergaben sich aus Lehnsverträgen. Die Hierarchie der Lehen blieb gewahrt, wie es bei jedem Besitzwechsel das Anerkenntnis und die Aufzählung sowie die Entrichtung einer Steuer bestätigten; wo die Nichtadligen Lehen [= fief] erworben hatten, was in Südfrankreich nicht selten vorkam, waren sie einer Sonderabgabe, dem franc-fief, unterworfen. Die herrschaftlichen Rechte begründeten sich in der während des Mittelalters von den Grundherren ausgeübten Souveränität.

Die grundherrliche Autorität hatte sich zum Teil in der hohen und niederen Gerichtsbarkeit als einem wesentlichen Charakteristikum der Grundherrschaft erhalten; weiterhin in Ehrenvorrechten als Symbol der sozialen Überlegenheit des Grundherren sowie in Monopolen wie dem ausschließlichen Jagdrecht und den Bannrechten. Die grundherrlichen Rechte waren zum einen *personengebunden:* Frondienste und diverse Zinsabgaben, zum anderen waren es *Realsteuern:* auf den Grund und Boden und nicht auf den Menschen bezogen, gaben sie das *Eigentumsvollrecht* (das *unmittelbare Eigentum*) des Grundherren wider; der Bauer dagegen hatte nur ein *dienendes* Eigentum inne. Es gab jährliche Grundzinsen entweder in Geld (*Pachtzins* oder *Grundrente*) oder in Naturalien (*Kehrzehnt* oder *Fruchtzins:* champart oder terrage im Norden, agrier im Süden) und *Einzelfallabgaben* (*Verkaufsgebühren* bei Besitzwechsel).

Durch diese Abgaben wird, wenn auch schematisch, das complexum féodale – so der juristische Ausdruck – bzw. die *Feudalität* – so der allgemeine Sprachgebrauch der Zeit – umrissen. (Boncerf* schätzt in seiner Broschüre über die *Inconvénients des droits féodaux* von 1776 die verschiedenen Formen von Abgaben auf mehr als dreihundert).

Daß die den Feudalismus einmütig verabscheuenden Bauernmassen der Aristokratie einen tödlichen Schlag versetzen konnten, beweist hinreichend, daß die Feudalität tatsächlich das wesentliche Merkmal der Gesellschaft des Ancien Régime darstellte: »Die Feudalität war die wesentlichste aller unserer bürgerlichen Institutionen geblieben, als sie schon aufgehört hatte, eine politische Institution zu sein«, schreibt Tocqueville; »derart eingeschränkt, erregte sie noch mehr Haß, und man kann wahrlich sagen, daß mit der Zerstörung eines Teils der mittelalterlichen Institutionen hundertmal verhaßter wurde, was von ihnen übrigblieb«.

Gegenüber der feudalen Ausbeutung durch die Grund- und Zehntherren, aber auch gegenüber der königlichen Steuer schloß sich die ländliche Gemeinschaft zusammen.

---

* Frz. Schriftsteller und Gelehrter, der schon in der 2. Hälfte des 18. Jhdts. das Feudalsystem kritisierte – wenn auch noch sehr vorsichtig.

Doch hinter diesem grundlegenden Antagonismus machten sich schon Widersprüche bemerkbar, die im Keim die Kämpfe des 19. Jahrhunderts in sich trugen, nachdem Feudalität und Aristokratie einmal vernichtet waren. Seit längerer Zeit waren auch in die ländliche Gemeinschaft Momente von Ungleichheit eingedrungen, die sie zu spalten drohten.

In den Großanbaugebieten hatte der Einsatz von Kapital und arbeitsintensiven Ackerbaumethoden zur Produktion für den Markt sichtbare Auswirkungen auf die Lage der Bauern gezeigt. Allmählich bildete sich am Ende des Ancien Régime die soziale Gruppe der Großpächter heraus, die nicht auf die Konzentration von Eigentum sondern von Nutzungsfläche aus waren. So klagten die Bauern der Getreideebenen des Pariser Beckens in ihren Beschwerdebriefen über den ›Zusammenschluß‹ von Pachtgütern und forderten bis zum Jahre II beharrlich, aber ohne Erfolg, deren Aufteilung. Schon jetzt zeigte sich der Antagonismus zwischen dem Agrarkapitalismus und einer Landbevölkerung, die fortschreitender Proletarisierung ausgesetzt war.
Ohne Grund und Boden und ihrer kollektiven Rechte in dem Maße beraubt, wie das Privateigentum und der Großbetrieb sich stärker durchsetzten, füllten die Kleinbauern die Reihen eines verelendeten und haltlosen Proletariats, das bereit war, sich sowohl gegen die großen Pachtgüter wie auch gegen die Schlösser zu erheben.
Gewiß sollten derartige Züge nicht überbetont werden: Am Vorabend der Revolution war der überwiegende Teil des Landes noch traditionelles Kleinanbaugebiet. Aber selbst dort hatte sich die Ungleichheit in die ländliche Gemeinschaft eingeschlichen. Der Besitz von Gemeindegütern, die dem Privateigentum auferlegten Beschränkungen (Einhegungsverbot, obligatorischer Fruchtwechsel), die Nutzungsrechte an Feldern (freie Weide, das Recht auf Ähren- und Strohnachlese), Wiesen (das Recht auf das zweite Gras) und am Holzbestand bildeten lange Zeit über die solide Grundlage der Landgemeinde. In der zweiten Hälfte des 18. Jahrhunderts wurde unter dem Druck des Agrarindividualismus und mit Unterstützung der Königsmacht (über Einhegungserlasse und Verordnungen zur Abgabe eines Drittels des Gemeindelandes an die Grundherren) diese Struktur vor allem zum Vorteil der Aristokratie erschüttert.
Innerhalb der Gemeinde gab es außerdem reiche Bauern mit Landbesitz, ›coqs de village‹, die über Handarbeiter und Kleinbauern geboten, welche wegen ihrer Gespanne oder einfach wegen des täglichen Brotes von ihnen abhingen; sie produzierten mehr oder weniger schon für den Markt, hatten die Dorfverwaltung an sich gerissen und sich allmählich den Neuerungen in der Landwirtschaft angepaßt. Wie gegenüber der Aristokratie, die ih-

ren Grund und Boden mit grundherrlichen Abgaben belastete, waren diese reichen Besitzbauern auch gegenüber der traditionellen ländlichen Gemeinde feindlich eingestellt; diese belastete sie mit ihren kollektiven Rechten und schränkte ihre Nutzungs- und Profitfreiheit ein: von all diesen Beschränkungen wollte sie sich frei machen.
Die armen Bauern dagegen, ohne Land und zur Sicherung ihres täglichen Brotes gezwungen, auf den Feldern der anderen oder in der ländlichen Industrie ein zusätzliches Einkommen zu suchen, klammerten sich in der Verzweiflung um so mehr an die kollektiven Rechte und überlieferten Produktionsweisen, als sie spüren, daß sie ihnen zu entgleiten drohten: Die Masse der Bauern setzte der Nutzungsfreiheit die Reglementierung der Landwirtschaft entgegen.

Die Konzeption eines eingeschränkten Rechts auf Eigentum und der Protest gegen die Konzentration der Bodennutzung oder der Unternehmen werden, entsprechend den ökonomischen Bedingungen der Epoche, die charakteristischen Züge des gesellschaftlichen Ideals der Volksmassen sein. Um frei über ihre Person und ihre Arbeit zu verfügen, mußten Bauern und Handwerker zunächst aufhören, der Lehnsherrschaft anderer zu unterstehen, an ihren Boden gebunden oder Gefangene einer Körperschaft zu sein. So erklärt sich ihr Haß gegen die Aristokratie und das Ancien Régime: das treibende Moment der bürgerlichen Revolution waren die Volksmassen. Aber als unmittelbare Produzenten oder mit dem Ehrgeiz, es zu werden, machten Bauern und Handwerker das Eigentum von persönlicher Arbeit abhängig und träumten von einer Gesellschaft kleiner selbständiger Produzenten, in der jeder im Besitz seines Feldes, seiner Werkstatt oder seines kleinen Ladens sein sollte; auf verworrene Weise versuchten sie, der Entstehung eines Monopols an Reichtum wie eines abhängigen Proletariats gleichermaßen vorzubeugen.
Diese Vorstellungen geben Auskunft über die sozialen und politischen Kämpfe im Verlauf der Revolution sowie über ihre entscheidenden Wendepunkte und ihren Fortgang: von 1789 bis 1793 können wir zwar die Verschärfung des Kampfes der Bourgeoisie gegen die Aristokratie, gekennzeichnet durch die wachsende Rolle der Mittelschichten und Volksmassen, aber keinen grundlegenden

Wandel in den sozialen Auseinandersetzungen beobachten. In diesem Sinne läßt sich von einem ›Frontwechsel‹ der Bourgeoisie nach dem Sturz von Robespierre nicht sprechen: vor und nach dem 9. Thermidor war und blieb der Hauptfeind die Aristokratie, die die Waffen nicht streckte. Das von Sieyès angeregte Gesetz vom 9. Frimaire VI (29. November 1797), das alle vormals Adligen und Geadelten zu Ausländern erklärte, belegt diese Tatsache. Die Französische Revolution bildet ›einen Block‹: sie ist, bei allen Schwankungen, anti-feudal und bürgerlich.

Die Bedeutung der Revolution für die gesellschaftliche Entwicklung Frankreichs, ihre Kontinuität und Einheit wie auch ihre historische Notwendigkeit hat Tocqueville in seiner bekannten Hellsichtigkeit erfaßt und hervorgehoben: »Die Revolution war alles weniger als ein zufälliges Ereignis. Sie ist freilich der Welt ganz unerwartet gekommen und war doch nur die Vollendung der langwierigsten Arbeit, der plötzliche und gewaltsame Abschluß eines Werkes, an dem zehn Menschenalter mitgewirkt haben.«

Wirtschaftliche und demographische Schwankungen

Über die gesellschaftlichen Strukturen und grundsätzlichen Antagonismen hinaus, die über die tieferen Ursachen der Revolution Auskunft geben, müssen allerdings noch die verschiedenen Faktoren näher angegeben werden, die den spezifischen Zeitpunkt ihres Ausbruchs erklären. Die Revolution war, auch nach dem Zeugnis Tocquevilles, unabwendbar. Warum aber dieses plötzliche Hervorbrechen, diese abrupte »krampfhafte und schmerzliche Anstrengung, ohne Übergang, Warnung und schonungslos«?
Die Revolution von 1789 brach in einem Zustand wirtschaftlicher Krise aus. In seinem monumentalen Gemälde der *Histoire Socialiste* (1901–1904) hatte Jaurès die tieferen Gründe der Revolution »in wirtschaftlichen Bedingungen der Produktions- und Eigentumsform« ausgemacht. Aber vielleicht leidet sein Werk doch an einem Übermaß von Vereinfachung: nach ihm läuft die Revolution nahezu eindeutig ab; ihre Ursache liegt in der wirtschaftlichen und intellektuellen Kraft der zur Reife gelangten Bourgeoisie, ihr Ergebnis war deren Sanktionierung im Gesetz. »Jetzt«, schreibt Jaurès, »ist das industrielle und bewegliche, d. h. das bürgerliche Eigentum im Vollbesitz seiner Kräfte: die Durchsetzung der bürgerlichen Demokratie ist folglich unausweichlich und die Revolution eine historische Notwendigkeit«. Diese Darstellung erklärt weder das spezifische Datum der Revolution noch deren gewaltsamen Charakter, der sich aus dem Widerstand der Aristokratie sowie dem plötzlichen Auftritt der Volksmassen auf der politischen Bühne ergibt. Sollte die Französische Revolution wirklich nur die Revolution des bürgerlichen Aufschwungs gewesen sein?
Das 18. Jahrhundert war zwar ein Jahrhundert des Wohlstands, doch fiel dessen wirtschaftliche Hochblüte in die auslaufenden 60er und beginnenden 70er Jahre: ›Der Glanz unter Ludwig XV.‹. Nach 1778 begann ›der Verfall unter Ludwig XVI.‹, eine Periode der Lähmung und schließlich der Regression, die 1787 in einer Elend und Unruhen erzeugenden zyklischen Krise ihren Höhepunkt

erreichte. Zweifellos leugnet Jaurès nicht die Bedeutung des Hungers für den Ausbruch der Revolution, er billigt ihm jedoch lediglich eine Nebenrolle zu: Die Krise hat die Volksmassen zwar einer leidvollen Prüfung unterzogen und sie im Dienste der Bourgeoisie mobilisiert, war aber gleichwohl ein zufälliges Ereignis. Die Wurzel des Übels lag tiefer.

Die städtischen und ländlichen Volksmassen sind 1789 keineswegs durch die aufrührerischen Umtriebe der Bourgeoisie in Bewegung gesetzt worden, wie es jene These von einem Komplott glauben machen will, die der Abbé Barruel in seinen 1798 in Hamburg erschienenen *Mémoires pour servir à l'histoire du jacobinisme* vorträgt und die in einem gewissen Sinne von Augustin Cochin in seiner Untersuchung über *Les sociétés de pensée et la Révolution en Bretagne* (1925) wieder aufgegriffen wird. Die Volksmassen haben sich auch nicht unter dem Ansturm ihrer blutrünstigen Instinkte erhoben, wie es Taine in den *Origines de la France contemporaine* (1875) gerne möchte, diesem Machwerk aus Verleumdung und Wut. Aufgelehnt haben sie sich vielmehr aus Hunger: eine unbezweifelbare Wahrheit, die Michelet mit Nachdruck hervorhebt (»Ich bitte Euch, schaut es Euch an, dieses auf bloßer Erde liegende Volk, armer Hiob . . . Der Hunger ist eine Tatsache der staatlichen Ordnung: man hat Hunger im Namen des Königs«). Diese Feststellung wurde durch die Arbeiten von C. E. Labrousse wissenschaftlich untermauert.

Der Hunger des Volkes erscheint darin als Folge einer (in der Terminologie F. Simiands) Anstiegs- und Expansionsphase, deren allgemeine Merkmale dann allerdings mit zyklischen und saisonalen Bewegungen verbunden, durch die Berücksichtigung des Reallohns differenziert und schließlich anhand der Besonderheiten der Wirtschaft und der Bevölkerungsstatistik dieser Epoche erklärt werden.

Die Bewegung der Preise im Frankreich des 18. Jahrhunderts ist durch eine knapp hundertjährige Hausse gekennzeichnet, die von 1733 bis 1817 dauerte; in Simiands Terminologie die Phase A, der von der Mitte des 17. Jahrhunderts bis gegen 1730 eine Phase B der Depression vorausgegangen war. Der Anstieg, der bis um 1758 allmählich, dann von 1758 bis 1770 schneller verlief, stabilisierte sich zwischen 1778 und 1787, nicht ohne dabei eine vorrevolutionäre Notlage zu schaffen; ein neuer Aufschwung setzte dann den revolutionären Zyklus in Gang (1787–1791). Bezogen auf den Index 100 für den Basiszyklus von 1726–41 beträgt der Durchschnitt des langfristigen Aufstiegs 45% für die Periode 1771–1789; er erhöht sich auf 65% während der Jahre 1785–89. Der Preisanstieg, je nach Produkt verschieden, ist für Lebensmittel stärker als für Fabrikerzeugnisse, bei Getreide spürbarer als bei Fleisch: charakteristische Merkmale einer noch im Kern landwirtschaftlich orientierten Ökonomie.

Das Getreide spielte in den Volkshaushalten eine bedeutende Rolle; seine Produktion nahm jedoch nur geringfügig zu, während die Bevölkerung rasch wuchs und auch die Konkurrenz durch ausländische Getreidelieferungen die Versorgung nicht wesentlich verändern konnte. In der Periode zwischen 1785 und 1789 beträgt der Preisanstieg für Weizen 66%, für Roggen 71%, für Fleisch 67%, Brennholz schlägt alle Rekorde mit 91%. Wein nimmt mit 14% eine Sonderstellung ein. Das Sinken des Weinbauprofits war um so schwerwiegender, als viele Winzer kein Getreide anbauten und ihr Brot kaufen mußten. Die zyklischen Schwankungen (Zyklen von 1726 bis 1741, von 1742 bis 1757, von 1758 bis 1770 und 1771 bis 1789) überlagern die langfristige Bewegung, wobei der zyklische Höhepunkt im Jahre 1789 eine Preissteigerung für Weizen von 127% und für Roggen von 136% bringt.

Bei Getreide vergrößern sich die saisonalen Unterschiede in schlechten Jahren, während sie in Perioden des Überflusses gar nicht oder nur geringfügig spürbar sind: von Herbst bis Sommer konnten die Preise zuweilen zwischen 50% und 100%, bisweilen sogar noch stärker steigen. 1789 fiel der saisonale Höhepunkt in die erste Julihälfte: er brachte einen Preisanstieg für Weizen von 150%, für Roggen von 165%. Der denkwürdige Tag des 14. Juli deckte sich mit dem Höhepunkt des Preisanstiegs im 18. Jahrhundert. Da der Preis für Getreide mehr als für andere Produkte in die Höhe ging, wurde das Volk durch den Anstieg der Lebenshaltungskosten am schwerwiegendsten getroffen: am Vorabend von 1789 war der Ausgabenanteil für Brot in den Volkshaushalten durch die allgemeine Hausse auf 58% angewachsen; 1789 betrug er sogar 88%; damit blieben nur noch 12% für die anderen Ausgaben. Der Preisanstieg schonte die wohlhabenden Schichten, das Volk drückte er zu Boden.

Die Bewegung der Löhne verschlimmerte noch die Auswirkungen des Preisanstiegs auf das Los der Volksmassen. Die von C. E. Labrousse aufgestellten lokalen Reihen zeigen eine Erhöhung der Löhne von 17% für den Basiszyklus von 1726 bis 1741 sowie für die Periode von 1771 bis 1789; in der Hälfte der Fälle betrug die Erhöhung allerdings keine 11%. Bezogen auf die Jahre 1785 bis 1789 beläuft sich der Lohnanstieg auf 22%, in drei Steuerbezirken überschreitet er 26%. Er unterscheidet sich zudem je nach Berufen: im Baugewerbe 18% (1771–1789) und 24% (1785–1789), aber nur 12% bzw. 16% für den Tagelöhner in der

Landwirtschaft. Der langfristige Lohnanstieg ist demnach gegenüber den Preissteigerungen sehr schwach. Die zyklischen und saisonalen Schwankungen der Löhne vergrößerten den Abstand noch dadurch, daß sie den Preisschwankungen gerade entgegengesetzt verliefen.

Die übermäßige Teuerung im 18. Jahrhundert verursachte Arbeitslosigkeit: die geringen Ernteerträge schränkten die Nachfrage seitens der Bauernschaft ein. Die Krise in der Landwirtschaft zog die industrielle Krise nach sich; der beträchtliche Ausgabenanteil für Brot in den Volkshaushalten hatte die Einschränkung aller anderen Ausgaben zur Folge. Beim Vergleich des Anstiegs des *Nominallohns* mit der Erhöhung der Lebenshaltungskosten läßt sich das Sinken des *Reallohns* konstatieren: um ein Viertel zwischen dem Basiszeitraum 1726–41 und den Jahren 1785–89; sogar um mehr als die Hälfte, wenn man die zyklischen und saisonalen Preisanstiege berücksichtigt. Da sich bei den herrschenden Lebensbedingungen jede Einschränkung zwangsläufig auf den Konsum der notwendigsten Lebensmittel übertrug, verstärkte der Preisanstieg im 18. Jahrhundert das Elend der Massen. Der Hunger mobilisierte das Volk.

Das Bevölkerungswachstum verschlimmerte noch die Folgen des Preisanstiegs. Es erscheint um so bemerkenswerter, als noch bis 1740 eine Periode der Stagnation geherrscht hatte. Die tiefgreifenden Bevölkerungsrückgänge, die das 17. Jahrhundert gekannt hatte und die lange an der Alterspyramide ablesbar gewesen waren, machten leichteren und rascher verlaufenden Krisen Platz. Die großen Hungersnöte vor 1715 wandelten sich nach 1740 zu verschleierten Hungersnöten und die tödlichen Krisen zu leichten. Die wirklich kurz vor dem Hungertod dahinvegetierenden Klassen verschwanden, der Bevölkerungsbestand regelte sich.

Die Geburtenrate blieb mit 40‰ hoch, doch machte sich ein gewisser Geburtenrückgang, vor allem bei den Aristokraten, bemerkbar. Die Sterberate schwankte von Jahr zu Jahr, blieb aber gewöhnlich unterhalb der Geburtenrate und sank auf 33‰ im Jahre 1778. Am Vorabend der Revolution betrug die durchschnittliche Lebenserwartung etwa 29 Jahre. Der Bevölkerungsanstieg war in der Stadt proportional stärker als auf dem Land: das 18. Jahrhundert wurde ein Jahrhundert der städtischen Bevölkerungsexplosion. Zählt man zu den Städten auch die Ortschaften mit mehr als 2000 Einwohnern, dann wuchs der Anteil der städtischen Bevölkerung auf 16% der Gesamtbevölkerung.

Da in den Städten die Geburtenrate am niedrigsten, die Sterberate am höchsten war und die Zahl der Unverheirateten dort höher lag, bildete die Wanderung vom Land in die Städte den Hauptfaktor des urbanen Aufschwungs. Am Ende des Ancien Régime betrug die Bevölkerungszahl Frankreichs etwa 25 Millionen Einwohner. Setzt man als Vergleichszahl die 19 Millionen vom Ende des 17. Jahrhunderts und berücksichtigt man zudem die Gebietszunahme, dann war das Wachstum bescheiden, nämlich 6 Millionen, kaum mehr als ein Drittel. Andere Staaten wie England

konnten mit eindrucksvolleren Zahlen aufwarten. Dennoch blieb Frankreich das bevölkertste Land Europas.
Wenn das Bevölkerungswachstum auch insgesamt niedrig und regional verschieden war, so waren mit ihm doch bedeutsame gesellschaftliche Folgen verbunden. Die Bevölkerungszunahme erhöhte die Nachfrage nach landwirtschaftlichen Produkten und trug so zu den Preissteigerungen bei. Der städtische Aufschwung stimulierte die Textilindustrie, die neue Absatzmärkte für ihre Erzeugnisse sah und ihrerseits wieder die ländliche Arbeiterschaft anzog. Für diese gestiegene Bevölkerung, speziell für die der Städte und die Volksmassen, hatten die Ernährungskrisen, die noch in der ersten Hälfte des Jahrhunderts so viel Unheil gestiftet hatten, keine schwerwiegenden bevölkerungspolitischen Folgen mehr; ihre Auswirkungen waren eher sozialer und wirtschaftlicher Art.
In dieser noch archaischen Wirtschaft löst die Ernährungskrise einen Prozeß aus, in dem Elend, Unterkonsumtion, Schrumpfung des Arbeitsmarktes, Unterbeschäftigung, Bettelei und Vagabundentum sich zu einer einzigen Kette zusammenschließen. Der Bevölkerungsschub zerstört tendenziell das zerbrechliche Gleichgewicht zwischen Bevölkerung und Lebensmitteln und verstärkt auf diese Weise die sozialen Spannungen. In diesem Sinne darf er als eine, wenn auch nicht entscheidende, so doch wichtige der engeren Ursachen für die Revolution gelten.

Die unauflöslichen Widersprüche der Gesellschaft des Ancien Régime hatten seit langem schon die Revolution auf die Tagesordnung gesetzt. Die wirtschaftlichen und demographischen Schwankungen trugen auch deshalb zur Verschärfung der revolutionären Situation bei, weil sie sich unter den herrschenden Bedingungen jeglicher Regierungsmaßnahme entzogen. Gegen ein Regime, dessen herrschende Klasse unfähig zu seiner Verteidigung war, erhob sich mit mehr oder minder klarem Bewußtsein die überwältigende Mehrheit der Nation. Man näherte sich dem endgültigen Bruch. 1788 bahnte sich die nationale Krise an.
Die Landgebiete waren schon von einer Weinabsatzflaute getroffen worden: in der Folge überreicher Ernteerträge war der Weinpreis auf die Hälfte gesunken; zwar verbesserte sich die Lage nach 1781, doch blieb der Weinanbauprofit durch mäßige Weinlesen begrenzt. Da zuvor der Rebenanbau ausgedehnt worden war, wurden zahllose Bauern, für die der Wein das einzige Handelserzeugnis bildete, nachteilig betroffen. Durch eine Trockenheit im

Jahre 1785 verminderte sich der Viehbestand. Der ländliche Markt, von wesentlicher Bedeutung für die industrielle Produktion, schrumpfte in der Folge zusammen, wobei auch der englisch-französische Freihandelsvertrag von 1786 (wenn auch nicht sehr stark) zu den Schwierigkeiten der Industrie beitrug. Die Ernte des Jahres 1788 war verheerend: von Mitte August an bis in den Juli 1789 setzte sich der Preisanstieg ohne Unterbrechung fort. Die Landwirtschaftskatastrophe schloß den ländlichen Absatzmarkt; innerhalb einer ohnehin schon übermäßig angeschwollenen Arbeiterschaft stieg die Arbeitslosigkeit; die Lohnrate sank. Die Abnahme der industriellen Produktion (und folglich das Anwachsen der städtischen Arbeitslosigkeit) kann auf 50% geschätzt werden, das Sinken der Lohnrate auf 15 bis 20%, während die Lebenshaltungskosten um 100 bis 200% anstiegen.

Lebensmittelmangel und übermäßige Teuerung mobilisierten die dörflichen und städtischen Massen, die natürlicherweise die Verantwortung für ihre Leiden den herrschenden Klassen und den Regierungsautoritäten zuschoben. Zehntherren und den Kehrzehnt eintreibende Grundherren, die über große Getreidelager verfügten, sowie Getreidehändler, Müller und Bäcker kamen in Verdacht, den Preisauftrieb begünstigt zu haben und wurden schließlich des wucherischen Aufkaufs bezichtigt. Die Regierungskäufe nährten das einst gegen Ludwig XV. gerichtete zählebige Gerücht vom Hungerpakt. Machten die Wirtschaftsfachleute als einziges Heilmittel den freien Getreidehandel geltend, der vor allem für die Besitzer und Händler gewinnträchtig war, so hielt sich das Volk an die traditionelle Reglementierung, die bei Bedarf durch Beschlagnahme und Taxierung verstärkt werden sollte. Wenn die Wirtschaftskrise die Krise der Monarchie auch nicht erzeugt hat, so hat sie doch zu deren Vertiefung beigetragen: Die finanziellen Schwierigkeiten waren der Anlaß für die politische Opposition.

Die Finanzkrise ging zurück auf den amerikanischen Krieg, den Necker* durch Staatsanleihen unterstützt

---

* Generaldirektor der Finanzen und Staatsminister unter Ludwig XVI.

hatte; Calonne griff in der Folgezeit auf das gleiche Verfahren zurück, um damit das Defizit zu decken. Der dem König im März 1788 vorgelegte *Haushaltsbericht* schätzte die Ausgaben auf 629 Millionen Livres, die Einnahmen dagegen nur auf 503 Millionen: das bedeutete einen Fehlbetrag von 20%. Tilgung und Zinsen für Staatsschulden beliefen sich auf 318 Millionen Livres, also die Hälfte aller Ausgaben. Die Wirtschaftskrise wirkte sich auf die Steuereintreibung aus, die Getreidekäufe ließen die Verpflichtungen weiter ansteigen; die Krise beeinträchtigte den öffentlichen Kredit. Da die Kaufkraft der Massen gesunken war, konnte die Steuer, vor allem die indirekte Steuer, nicht viel einbringen. Als einziges Mittel blieb die Steuergleichheit. Calonne entschloß sich zu dem Wagnis und schlug eine Territorialsteuer vor, die ausnahmslos auf jedem Besitzer von Grund und Boden lasten sollte. Auf ihrer Sitzung vom 22. Februar 1787 kritisierte die Notabelnversammlung, die nur aus Aristokraten bestand, den Entwurf und verlangte die Offenlegung der Rechnungsbücher der Schatzkammer. Ludwig XVI. entließ Calonne am 8. April.

Von nun an ging die politische Krise Hand in Hand mit der Finanzkrise: Trotz des Reformwillens von Loménie de Brienne, der zum Minister ernannt worden war, und trotz des Versuchs einer Justizreform am 8. Mai 1788, die die Macht der Parlamente beschnitten hätte, wurde die Monarchie durch die Revolte der Aristokratie zur Ohnmacht verdammt. Die Schatzkasse war leer; ohne Chancen, unter derartig verworrenen Umständen für eine Anleihe Unterzeichner zu finden, kapitulierte Brienne: Am 5. Juli 1788 versprach er, die Generalstände einzuberufen, deren Eröffnung auf den 1. Mai 1789 festgelegt wurde. Diese Entscheidung wurde durch Beschluß des Hofrates am 8. Mai bestätigt.

Die Bourgeoisie nahm als führender Teil des Dritten Standes fortan die Zügel in die Hand. Ihre Ziele waren revolutionär: Zerstörung der aristokratischen Privilegien und Errichtung bürgerlicher Gleichheit in einer Gesellschaft ohne Stände oder Körperschaften. Dabei wollte sie sich allerdings an einen strikten Legalismus halten. In ihrem revolutionären Handeln gestärkt wurde sie durch die Volksmassen, die das wirklich treibende Element bildeten. Deren eigenständige Forderungen sowie die bis Mitte 1790 andauernde Wirtschaftskrise sollten noch lange Zündstoff liefern.

Versammlung der Notablen in Versailles am 22. Februar 1787. Ausschnitt aus einem Kupferstich von C. Niquet

Revolutionäre Spontaneität und Organisation

Hoffnung und Angst

Die Einberufung der Generalstände setzte im Volk tiefsitzende Emotionen frei: künftig schritten im Rhythmus der Revolution Hoffnung und Angst Seite an Seite und ließen hinter den politischen Ereignissen die sozialen Bestrebungen als deren eigentliche Triebfedern erscheinen. Konkrete Form gewann die revolutionäre Mentalität zunächst natürlich im Bewußtsein von Einzelnen und bei Teilen der Bourgeoisie. Sicherlich war die Bewußtseinsverfassung des Dritten Standes nichts weniger als einheitlich: Bauern, Handwerker und Bourgeoisie hatten unterschiedlich am Ancien Régime zu leiden, die Hungersnot trennte tendenziell Arme und Reiche sowie Konsumenten und Produzenten voneinander. Doch die allgemeinen wirtschaftlichen und sozialen Voraussetzungen wie die politischen Umstände brachten den Dritten Stand in seiner Gesamtheit dazu, sich gegen die Aristokratie und die Königsmacht als Garanten der Privilegienordnung zu erheben. Durch das Spiel der Propaganda, unter dem Einfluß der Ereignisse und mehr noch unter dem Druck von Zielvorstellungen, die schon seit langem im Kollektivbewußtsein verankert waren und sich bei den Individuen festsetzten, kristallisierte sich seit dem Frühling 1789 eine revolutionäre Mentalität, die einen mächtigen Handlungsfaktor bildete.

Die Hoffnung richtete die Massen auf, schmiedete für einen Moment die heterogenen Elemente des Dritten Standes zu einer Einheit zusammen und nährte lange noch die revolutionäre Energie der Konsequentesten. Die Versammlung der Generalstände wurde als die frohe Botschaft aufgenommen, die neue Zeiten ankündigte. Eine bessere Zukunft sollte sich öffnen und die tausendjährige Erwartung der Menschen erfüllen. Es war diese Hoffnung, die den revolutionären Idealismus nährte, die Freiwilligen anfeuerte und den tragischen Tod der ›Märtyrer des Prairial‹ wie der Helden des Vendôme-Prozesses leuchten

ließ. Von der alten Bäuerin, der Arthur Young am 12. Juli 1789 beim Erklimmen der Isletten-Steige im Argonnerwald begegnete, bis hin zu Robespierre und Babeuf am Fuße des Schafotts brach der Hoffnungsfaden nicht ab. »Man sagt, daß jetzt von großen Persönlichkeiten etwas für uns arme Leute getan wird, doch niemand weiß, wer oder wie; *aber möge uns Gott etwas Besseres schicken,* denn die Abgaben und Lasten drücken uns zu Boden«.
Die gleiche fast religiöse Erwartung findet sich in Robespierres Rede ›Über die Grundsätze der politischen Moral, die den Konvent leiten sollen‹ (5. Februar 1794): »Mit einem Wort: wir wollen den Willen der Natur erfüllen, das Schicksal der Menschheit vollenden, das Versprechen der Philosophie halten und die Vorsehung von der langen Herrschaft des Verbrechens und der Tyrannei lossprechen ... und während wir unser Werk mit unserem Blut besiegeln, können wir zumindest die Morgenröte des universellen Glücks erstrahlen sehen«.
Mit der Hoffnung ging die Anst einher: Würden die Privilegierten es billigen, daß man sie ihrer Vorrechte entkleidete? In der Vorstellung der Bauern konnte der Grundherr gar nicht anders als egoistisch an seine soziale Vorherrschaft und an sein Vermögen gebunden sein. Der Bürger dachte das gleiche vom Aristokraten. Diese Annahme wurde erhärtet durch das Verhalten der Aristokratie; deren Opposition gegen eine Verdoppelung des Dritten Standes und ihr Widerstand gegen die Abstimmung nach Köpfen konnten die Vermutung zur festen Überzeugung werden lassen. Der König war ›gut‹, seine aristokratische Umgebung aber böse. Fortan herrschte Beunruhigung. »Die Adligen werden aufs Pferd steigen; sie werden die königlichen Truppen rufen; sie werden nicht zögern, Hilfe vom Ausland zu holen; sie werden Bettler und Vagabunden anheuern, die durch Hungersnot und Arbeitslosigkeit in großen Mengen die Straßen unsicher machten: Die Angst vor den ›Räubern‹ verstärkte noch diejenige, die von den Aristokraten ausging.
Die ökonomische Krise erhöhte die Unsicherheit: der Aristokrat war häufig auch der den Kehrzehnt eintreibende Grundherr oder der Zehntherr. Die einfachen Leute aus

dem Volk, unfähig, die bestehende Wirtschaftslage zu analysieren, schrieben die Verantwortung für die Hungersnot, die oft auch als ›künstlich gemachte‹ beurteilt wurde, der Aristokratie und deren Willen zu, ihnen Schaden zuzufügen. Der Verdacht nahm konkrete Gestalt an und bestätigte sich schließlich: In den ersten Julitagen des Jahres 1789 bereiten Hof und Aristokratie einen Schlag gegen die Versammlung vor, um sie aufzulösen. Die Unruhe wird zur Angst, als das ›aristokratische Komplott‹ deutliche Konturen gewinnt: sie wird die ganze Revolution über andauern, genährt von den wirklichen Komplotts, den Umtrieben der Emigranten, der Invasion des Auslandes, der permanenten Konterrevolution; nur für Augenblicke wird sie sich beruhigen, um bei drohender Gefahr wie etwa nach der Flucht des Königs oder im Sommer 1792 erneut auszubrechen und in Blutbädern und im Terror ihren Höhepunkt zu erreichen.

Die Angst ist sozial bedingt, doch unterscheidet sich ihr Inhalt je nach den äußeren Gegebenheiten. Angst vor der Aristokratie und dem, was sie sozial bedeutet. Taine, den man schwerlich des Wohlwollens gegenüber den Unterprivilegierten verdächtigen kann, hat ein ergreifendes Bild von der Angst und der Wut entworfen, die im Sommer 1792 beim Nahen der Invasoren die Bauern in Aufruhr versetzten: »Sie kennen aus eigener Erfahrung den Unterschied zwischen ihrer ehemaligen und ihrer jetzigen Situation. Sie brauchen sich nur ein wenig zu erinnern, um das Ausmaß der königlichen, kirchlichen und grundherrlichen Steuern vor ihrem geistigen Auge zu haben«. Daß die Angst vor den Aristokraten im Juli 1789 mit der vor den ›Räubern‹ verknüpft gewesen ist, läßt eine weitere Spielart der Angst hervortreten, die sich bis zum Staatsstreich vom Brumaire behaupten wird: Die Furcht vor der Bedrohung durch die gefährlichen Klassen bindet die Besitzenden enger zusammen. Zweifellos hat die Wirtschaftskrise, die die Zahl der vom Elend getroffenen vermehrte, eine generelle Unsicherheit geschaffen, die am Ende dem *aristokratischen Komplott* zugeschrieben wurde.

Damit wird aber der gesellschaftliche Gehalt dieser Angst nicht weniger bedeutsam. Der Eigentumsbauer fürchtete um sein Hab und Gut, wie auch der Pariser Bürger, als die Hauptstadt – nachdem sich die königlichen Truppen am 12. Juli hinter die Seine zur Militärschule und zum Mars-Feld zurückgezogen hatten –, sich selbst überlassen war. Zweck der Aufstellung einer *Bürgermiliz* war die Verteidigung von Paris nicht nur gegen die Exzesse der königlichen Macht und deren reguläre Truppen, sondern auch gegen die Übergriffe von seiten der als gefährlich eingeschätzten sozialen Schichten. In unterschiedlichem Maß teilten sowohl Monarchisten wie Feuillants und Girondisten diese Gefühle: so entsteht ihr Wille, die Revolution durch einen Kompromiß zu beenden. Die Angst der Bürger erklärt teilweise den 9. Thermidor; sie erreicht ihren Höhepunkt während der denkwürdigen Prairialtage im Frühjahr 1795; sie macht die Ohnmacht des an zwei Fronten kämpfenden Direktoriums verständlich – und sie nährte noch die revisionistische Kampagne von 1799: erst der Staatsstreich vom Brumaire wird die Notabeln beruhigen.

Der Angst entspringt die *Verteidigungsreaktion*. Ist die Angst auch zuweilen in Panik ausgeartet, so hat sie doch vorwiegend das Volk dazu gebracht, sich zu seiner eigenen Sicherheit zu bewaffnen. Die Nachricht von der Entlassung Neckers am 12. Juli 1789 rief einen Wutausbruch hervor und führte zu Verteidigungsmaßnahmen: Das Volk plünderte die Läden der Waffenhändler, während die Bourgeoisie sich an die Spitze der Bewegung stellte und bemüht war, diese durch die Schaffung einer *Bürger*miliz in geregelte Bahnen zu lenken.

Um sich zu bewaffnen, hatte sich das Volk am Morgen des 14. Juli zu den ›Invalides‹, dann zur Bastille in Marsch gesetzt. Wenn der König auch kapitulierte und am 17. Juli im Hôtel de Ville die dreifarbige Kokarde akzeptierte, so blieb doch die Angst mit ihren Folgen, nämlich Unruhen und Gewalttätigkeiten. Ende Juli 1789 mobilisierte die Große Angst schließlich die Bauern; sie führte zur beschleunigten Bewaffnung eines großen Teils des Volkes; in den kleinsten Dörfern zwang sie die Milizen, sich zu sammeln. Zum ersten Mal offenbarte sich das kriegerische Feuer der Revolution. Das Solidaritätsgefühl des Dritten

Standes wurde dadurch gestärkt: ›Bist du vom Dritten Stand?‹ lautete die allgemeine Parole im Juli 1789. Diese allgemeine Mobilisierung verweist auf die Freiwilligenmeldungen nach der Flucht nach Varennes und im Verlauf des Sommers 1792. Die durch die Angst hervorgerufene Verteidigungsreaktion erklärt weiterhin die Forderung des Volkes nach einem Massenaufstand im Herbst 1793.

Der *Bestrafungswille* geht einher mit der Abwehrreaktion: Die Feinde des Volkes müssen außerstande gesetzt werden, weiteren Schaden anzurichten, doch müssen sie auch bestraft, muß sich an ihnen gerächt werden. Von daher sind die Verfolgungen und Verhaftungen, sind die Verwüstung oder Inbrandsetzung der Schlösser, die Mordtaten und Massaker und schließlich der Terror zu verstehen. Am 22. Juli 1789 wurden Bertier de Sauvigny, Intendant von Paris und der Ile-de-France, sowie dessen Schwiegervater Foulon de Doué aus dem Hôtel de Ville, wohin man sie zu ihrer Arrestierung gebracht hatte, von der Menge entführt und an der nächstbesten Laterne aufgehängt. Die revolutionäre Bourgeoisie billigte dies: »War dies Blut denn so rein?«, fragte Barnave in der konstituierenden Versammlung. Während der ganzen Revolution ging der Bestrafungswille stets einher mit der Angst. Der Graf von Dampierre wurde einen Tag nach Varennes [dem Fluchtversuch des Königs] ermordet.

Die Septembermorde von 1792 bildeten den Höhepunkt der von der Invasion ausgelösten Angst, zur gleichen Zeit ließen sich Tausende von Freiwilligen anwerben. Als im Herbst 1793 die nationale Gefahr erneut wuchs und in Pariser Sektionen das Gerücht bevorstehender Blutbäder umging, kam der Konvent dem zuvor: der Terror wurde auf die Tagesordnung gesetzt. Der Bestrafungswille war Ausdruck einer unklaren Vorstellung von Volksjustiz. Die revolutionäre Bourgeoisie, die keineswegs die Gewalt verabscheute, bemühte sich seit 1789, die Wut des Volkes zu kanalisieren und die Repression auf geregelte Weise zu vollziehen.

Am 23. Juli forderte Barnave ›eine legale Rechtsprechung für Staatsverbrechen‹; am 28. erhielt Du Port die Order zur Bildung eines *Untersuchungsausschusses,* eine Vorform des Allgemeinen Sicherheitsausschusses, während die Pariser Kommune auf Vorschlag von Brissot* einen weiteren Ausschuß einsetzte, der die revolutionären Überwachungsausschüsse vorwegnahm. 1792 drang Danton auf die Schaffung eines Sondergerichtshofes, der am 17. August von der Versammlung gebilligt wurde – übrigens ohne jeden Erfolg. Die Massaker der Volksmassen fanden erst dann ihr Ende, als die revolutionäre Regierung an Stärke gewonnen und der Konvent die Repression legalisiert hatte. Die Angst und in ihrem Gefolge die Gewalttätigkeiten schwanden erst, als das aristokratische Komplott und die Konterrevolution endgültig zerschlagen waren.

* Journalist; Pariser Abgeordneter in der gesetzgebenden Versammlung.

Die politische Praxis

Es war die revolutionäre Spontaneität der durch Elend und das aristokratische Komplott aufgebrachten bäuerlichen und städtischen Massen, die in den letzten Julitagen des Jahres 1789 das Ancien Régime stürzte, dessen Verwaltungsapparat zerstörte, mit der Steuereintreibung Schluß machte, im ganzen Land die Gemeindeverwaltung einführte und die lokalen Autonomiebestrebungen entfesselte. Die Schreckensvision einer Volksmacht und unmittelbaren Demokratie gewann Konturen. Während sich in Paris die Versammlung der Wahlmänner zu den Generalständen durch ihren Ständigen Ausschuß der Munizipalgewalt* bemächtigte, agitierten und beratschlagten die Bürger in den für die Wahlen vorgesehenen sechzig Distrikten. Bald schon forderten sie die Kontrolle der Stadtverwaltung mit dem Argument: gründet die Souveränität nicht im Volk? Während die alten Strukturen zerbrachen, traten doch zugleich infolge jener gegenläufigen Bewegung, die jeder Revolution eigen ist, wieder politische Institutionen und Praktiken hervor, deren Sinn und Zweck nicht verborgen bleiben konnten: Von Juli 1789 an war die Bourgeoisie bemüht, die revolutionäre Aktion zu stabilisieren, den spontanen Elan der Massen unter ihre Kontrolle zu bringen und zu ihren Gunsten zu kanalisieren.

In den Städten bildeten Distrikte und Sektionen die institutionellen Rahmen an der Basis, in denen sich vom Frühling 1789 bis zum Direktorium das politische Leben abspielte, das dabei – je nach den Fortschritten der Revolution oder den konterrevolutionären Angriffen – einen neuen sozialen Inhalt gewann. Was Paris betrifft, so hatte die Wahlregelung vom 13. April 1789 die Hauptstadt in 60 Distrikte eingeteilt. Auch nach Beendigung der Wahlen kamen die Wahlmänner zusammen und beratschlagten in ihren ständigen Vollversammlungen. Die Gesetzgebende Versammlung, die durch das Dekret vom 14. Dezem-

---

* Die Munizipalgewalt bestand in dezentralen, beratenden Körperschaften der städtischen Selbstverwaltung.

ber 1789 die Stadtverwaltungen des Königreiches einheitlich geregelt hatte, mochte Paris keine besondere Organisationsform einräumen, die lediglich Autonomiebestrebungen Vorschub geleistet hätte. Der Erlaß vom 21. Mai/ 27. Juni 1790 regelt die Verfassung der Hauptstadt und teilt diese nach dem Vorbild der allgemeinen Gemeindeorganisation in 48 Sektionen auf.

Die Sektionen, deren Zahl je nach Gemeindegröße variiert, stellen theoretisch Wahlkreise dar. Die *Versammlung* ist das oberste Organ der Sektion: der *eigentliche, der handelnde Souverän*. In den Urwählerversammlungen kommen (während der Periode des Zensuswahlrechts) die aktiven Bürger zur Wahl zusammen; auf Verlangen von fünfzig dieser Bürger können sie zwecks Beratung als *Vollversammlung* zusammentreten. Die Sektionen bildeten darüberhinaus administrative Unterabteilungen der Stadtgemeinden, denen Exekutivorgane, Räte und von den aktiven Bürgern gewählte Beamte beigeordnet waren. An der Spitze jeder Sektion stand ein Bürgerausschuß als Vermittlungsinstanz zwischen der Stadtverwaltung, deren Beschlüsse er ausführte, und der Vollversammlung, aus der er hervorging. Seine prekäre Zwischenstellung zwang ihn häufig zu kluger Vorsicht. Außerdem verfügte jede Sektion über einen Friedensrichter mit einigen Beisitzern und einen Polizeikommissar; alle waren Wahlbeamte.

Diese Organisation ist unschwer als ein Kompromißgebilde zwischen der allgemeinen Tendenz zu Autonomie und den Notwendigkeiten einer straffen Gemeindeverwaltung zu erkennen. Sie stellte ab 1790 den äußeren Rahmen für die revolutionäre Bewegung. Selbstverständlich setzten bald erste Veränderungen ein, zunächst unter dem Einfluß der Bestrebungen nach unmittelbarer Demokratie, die selbst jene beeinflußten, die vom Zensuswahlsystem profitierten; dann unter dem Druck der Volkskräfte, die ihren Teil an der Macht einklagten. Dessen ungeachtet muß die Bedeutung der besonders aktiven Elemente betont werden: Seit den Anfängen der Revolution blieb außer in Perioden höchster Gefahr oder an den großen Kampftagen die Beteiligung am politischen Leben der Sektion auf eine kämpferische Minderheit beschränkt: je nach Sektion zwischen 4 und 19% der Pariser Aktivbürger während der Zeit des Zensuswahlrechts. In Krisenperioden allerdings vermochte diese Minderheit große Volksmassen hinter sich zu bringen.

Für die Mobilisierung der Massen entscheidend waren die Klubs, die zweifellos wirksamer funktionierten als die Organisation der Sektionen, auf deren Basis die Klubs arbeiteten. Von den großen Pariser Klubs bis zu den zahlreichen patriotischen Gesellschaften der Viertel der Hauptstadt und der größeren und kleineren Städte der Departements bleibt als Inbegriff aller immer noch der Jakobinerklub, der, (wie es scheint) aus dem Klub der bretonischen Abgeordneten hervorgegangen war und nach den Oktobertagen 1789 unter dem Namen *Gesellschaft der Freunde der Verfassung* ins Pariser Jakobinerkloster in die Rue Saint-Honoré übersiedelte.

Mehr noch als durch die Inhalte der Lehren, die sich entsprechend dem Ablauf der Revolution entwickelten und in den Jahren 1793/94 kristallisierten, zeichneten sich die Jakobiner durch eine Methode und Organisation aus, die die Stoßkraft der revolutionären Energie der Massen dadurch erhöhte, daß sie sie auf ein Ziel ausrichtete und zusammenfaßte. Durch *Angliederung* und *Korrespondenz* gab die *Muttergesellschaft* Impulse an die Tochterklubs weiter, jenes umfassende Netz von Gesellschaften, das über das gesamte Land ausgebreitet war und die bewußtesten Patrioten vereinigte. Durch dieses doppelte Verfahren gliedern die Jakobiner den politischen Kern in ihr Organisationsschema ein und bilden gewissermaßen das Gerüst einer Partei, indem sie die Aktivitäten aller Klubs koordinieren.

Der Zentralklub stimmt über Anträge ab, gibt Petitionen heraus, druckt Flugschriften und Plakate; die Tochtergesellschaften nehmen sofort die Losungen auf. Der Klub überwacht die Verwaltungen, zitiert die Funktionäre vor seine Schranken, stellt die Konterrevolutionäre bloß und schützt die Patrioten. Nach Camille Desmoulins in *Les Révolutions de France et de Brabant* vom 14. Juli 1791 »dringt der Jakobinerklub durch seine Korrespondenz mit den Tochtergesellschaften in alle Ecken und Winkel der

83 Departements«. Er ist zugleich der große *Inquisitor,* der die Aristokraten in Schrecken versetzt, und der *Hauptankläger,* der alle Mißbräuche abstellt. Der Klub bildet die lebendige Kraft der revolutionären Bewegung.

Das Pressewesen in all seinen Formen – Zeitungen und Plakate, Broschüren und Flugschriften – ermöglichte eine umfassende Kenntnisnahme der aufeinanderprallenden Tendenzen, vor allem der der Patrioten, da das Gedruckte öffentlich vorgelesen wurde: entweder abends in den patriotischen Gesellschaften und Sektionsversammlungen und auf den Straßen und öffentlichen Plätzen oder auch auf den Baustellen, wie etwa in Paris am Panthéon (der Enragé Varlet bestritt seine Propaganda von einer rollenden Tribüne herab; aber schon lange vor ihm hatte ein gewisser Collignon sich den Titel *Der öffentliche Leser der Sanscullotten* beigelegt). Die Volkspresse – *L'Ami du peuple* von Marat seit Semptember 1789, *Le Père Duchesne* von Hébert ab Oktober 1790 – übte auf diese Weise einen beträchtlichen Einfluß aus, den ihre Auflagenstärke kaum hätte vermuten lassen. Wie der Klub, so trug auch die Presse die revolutionären Parolen in die Departements und bis in die Ränge der Armee.

Die Armee spielte seit dem Frühjahr 1789 in verschiedener Hinsicht eine revolutionäre Rolle. Zunächst einmal gab es innerhalb der Truppe das Mittel der Befehlsverweigerung: man weiß, wie bedeutsam es war, daß die in Paris kasernierten Französischen Garden dem König abtrünnig wurden – eine seit Ende Juni feststehende Tatsache. Der einfache Soldat hat die Mentalität des Dritten Standes, er hegt dessen Hoffnungen und Befürchtungen und ist (da ein Teil der Truppe in Privatquartieren logiert) empfänglich für das Elend des Volkes, das er schließlich selbst teilt.

Die Zersetzung der königlichen Armee infolge des Eindringens der revolutionären Ideologie in die Truppe und der Emigration einer beträchtlichen Anzahl von Offizieren, die als Angehörige des Adelsstandes schon verdächtig waren, stellte einen der zentralen Faktoren für die Fortschritte der Revolution dar. Allerdings darf auch das spontane revolutionäre Handeln der Soldaten nicht vergessen werden, das sich in vielen Formen ausdrückte, von der aktiven Mitarbeit in den Klubs bis zur Denunziation, von der Rauferei bis hin zum Blutbad. Die revolutionäre Rolle der Nationalgarde, dieser neuen Kraft der Revolution, war ebenso deutlich.

Die Nationalgarde war in ihrem Kern eine zivile Einrichtung mit einer militärischen Organisation. In jenen Tagen des Juli 1789 hatte die Vollversammlung der Pariser Wahlmänner hinsichtlich des Namens noch gezögert: Da *Miliz* zu sehr an böse Erfahrungen erinnerte, zog man *Garde* vor, präzisiert durch das Adjektiv *bürgerlich,* ein alter traditioneller Ausdruck: schließlich wurde am 16. Juli von La Fayette das Wort *national* vorgeschlagen und angenommen. Doch ebenso wie auf die königliche Gewalt und die Söldner der Linienarmee stellte die Bürgermiliz oder Nationalgarde auch eine Antwort auf die Bedrohung durch die als gefährlich erachteten Klassen dar: die unruhige Masse armer Schlucker und Arbeiter ohne festen Wohnsitz.

In ihre Reihen wurde nur derjenige aufgenommen, der ein eigenes Haus bzw. Güter zu schützen hatte und in stabilen Verhältnissen lebte. Als reguläre Macht zum Schutz der Besitzenden hatte sie bei den aufgewühlten Volksmassen die bürgerliche Ordnung durchzusetzen. Am 13. Juli aufgestellt, begann die Pariser Miliz schon am gleichen Nachmittag ihre Patrouillengänge, entwaffnete ›die Landstreicher‹ und verschaffte so der ›Stadt eine ruhige Nacht, auf die sie, bei der beachtlichen Zahl von Subjekten, die sich bewaffnet hatten, kaum mehr zu hoffen gewagt hatte‹.

Die Verfassunggebende Versammlung erhob das Tragen von Waffen zu einem bürgerlichen Privileg: In die Nationalgarde durften ausschließlich die *aktiven* Bürger eintreten, d. h. diejenigen, die im Besitz der politischen Rechte waren, d. h. eine direkte Steuer im Werte von drei Arbeitstagen zahlten. Vergeblich wandte sich Robespierre in seiner Rede vom 27. April 1791 gegen den Ausschluß der *passiven* Bürger. Der Erlaß vom 29. September 1791, der Aufbau und Zweck der Nationalgarde endgültig regelte, schrieb ihr als Aufgabe vor, »die Ordnung wiederherzustellen und den Gehorsam gegenüber den Gesetzen aufrechtzuerhalten«: es ging darum, die Herrschaft der siegreichen Bourgeoisie zu sichern. Gewiß war die soziale Zusammensetzung der Nationalgarde letzten Endes weitaus gemischter, als es die Gesetzestexte erwarten ließen. Dennoch bekam die Institution erst im Juli und August 1792 eine neue Stoßrichtung, als ihre Reihen von der Masse der Passivbürger überschwemmt wurden.

Die *Föderation* erhöhte die Schlagkraft einer zunächst auf die Gemeinden beschränkten Garde, die damit *national* wurde. Das Zusammenspiel der Föderationen führte schließlich zur Bildung einer Nation in Waffen, in der Stadt und Land zur Einheit wurden. Die dreifarbige Kokarde, erst Abzeichen der Pariser Garde, dann der nationalen Garden des Königreiches, wurde zum nationalen Emblem. Zweck der Föderation ist die *Verbrüderung:* sie vereinigt alle Bürger kraft der ›unauflöslichen Bande der Brüderlichkeit‹. Zunächst verbrüderten sich Bewohner der Städte und des Landes in lokalen Föderationen und versprachen sich wechselseitige Unterstützung. Am 29. November 1789 vereinigten sich in Valence die Nationalgardes des Dauphiné und des Vivarais, im Februar 1790 folgten diejenigen aus der Bretagne und dem Anjou in Pontivy; dann kam die Föderation am 30. Mai in Lyon, im Juni in Straßburg und Lille ... Die Bewegung vermittelte ein klares Bild vom Einheitswillen der Patrioten und zeigte deutlich die Zustimmung der Nation zur neuen Ordnung; in diesem Sinne bildete sie gegenüber der Aristokratie und dem Ancien Régime ein revolutionäres Element, dessen Wirkung beträchtlich war.

Ihren feierlichen Ausdruck fand die neue nationale Einheit beim Föderationsfest am 14. Juli 1790 in Paris, wie dies auch Merlin de Douai anläßlich des Streits mit den deutschen Fürsten, die Besitz im Elsaß hatten, bestätigen sollte. Dennoch muß hinter dem unleugbaren patriotischen Enthusiasmus die Realität kritisch festgehalten werden: denn während sich die Theorie der freiwilligen National-Vereinigung konkretisierte, wich die gesellschaftliche Realität immer stärker hiervon ab. Die herausragende Rolle La Fayettes im Verlauf des Föderationsfestes läßt dessen Gehalt deutlich hervortreten: Als Idol der Bourgeoisie wollte der ›Held zweier Welten‹, ›Gilles César‹ nach Mirabeau, die Aristokratie mit der Revolution vereinigen; er war der Mann des Kompromisses; die Nationalgarde, die er befehligte, war die bürgerliche Garde, aus der die *Passivbürger* ausgeschlossen worden waren. Das Volk war zwar anwesend, aber doch eher als Zuschauer denn als Akteur.

Wenn im Akt der Föderation die Garde die *nationale* bewaffnete Macht repräsentierte, so geschah dies in Opposition zur Truppe, die nur mehr die *königliche* bewaffnete Macht darstellte, und im Sinn der neuen bürgerlichen Ordnung.

Nationalgarde und Föderationen, Klubs und Vereinigungen, Distrikte und Sektionen waren allesamt Institutionen, die ihre Bedeutung allein durch ihren gesellschaftlichen Charakter gewannen. Die revolutionäre Bourgeoisie konnte die unerschöpflichen Kräfte, die aus dem Volk hervorbrachen, nicht so ungezügelt, wie sie waren, wirken lassen. Wann immer es ihr möglich war, lenkte sie diese in Richtung ihrer eigenen Interessen, unter dem falschen Schein jener nationalen Einmütigkeit, deren gleichsam künstliches Symbol immer noch *Neunundachtzig* ist.

Die Nacht des 4. August 1789. Sitzung der Nationalversammlung. Der Adel gibt seine Rechte auf.

Neunundachtzig
Revolution oder Kompromiss?
(1789–1792)

Die Eröffnungssitzung der Generalstände fand am 5. Mai 1789 statt. Am Tag darauf versammelten sich Adel und Klerus in den ihnen zugewiesenen Sälen, um getrennt die Wahlprüfung vorzunehmen und sich zu konstituieren. Der Konflikt zwischen den Ständen begann: Der Dritte Stand forderte die gemeinsame Wahlprüfung, die die Abstimmung nach Köpfen und nicht nach Ständen implizierte. Taktisches Geschick und die Spaltung der Geistlichkeit brachten ihm den Sieg. Am 17. Juni gaben sich die Deputierten des Dritten Standes den Namen *Nationalversammlung,* der die Bekräftigung nationaler Einheit und Souveränität enthielt. Dieses Vorgehen, eine wirkliche staatsrechtliche Revolution, wurde mit 491 gegen 89 Stimmen gebilligt. Etwa ein Repräsentant von sechs weigerte sich also, den Schritt zu vollziehen: schon hier zeichnet sich die spätere Spaltung der Bourgeoisie in Umrissen ab. Der Ballhausschwur vom 20. Juni bestätigte den Reformwillen des Tiers (des Dritten Standes).

Auf der anderen Seite offenbarte das auf der königlichen Sitzung am 23. Juni vorgetragene Regierungsprogramm, was in der Auseinandersetzung auf dem Spiel stand; es unterstrich im voraus die Tragweite der Revolution: Willigte der König auch ein, konstitutioneller Monarch zu werden, und schlug er auch die Abschaffung des Steuerprivilegs vor, so wollte er doch die traditionelle Gesellschaftsordnung, hier ausdrücklich die Lehnsabgaben, Renten, sowie die feudalen und grundherrlichen Belastungen gewahrt wissen. Einmal mehr trug die Geschlossenheit des Tiers den Sieg davon: Am 27. Juni empfahl der König der Minderheit des Klerus und der Mehrheit des Adels, an der Nationalversammlung teilzunehmen. Diese bezeichnete

sich am 9. Juli 1789 als Verfassunggebende Versammlung.
Die friedliche bürgerliche Revolution ist dennoch gescheitert. Hatte sie je Aussicht auf Erfolg? Innerhalb des Dritten Standes gab es eine konservative Minderheit, die sich am 17. Juni geäußert hatte; gemeinsam mit den zum Ausgleich neigenden Geistlichen sowie der liberalen Adelsfraktion bildete sie einen Teil des am Kompromiß orientierten Widerstandes. Dieses Lager war durch die Agitation des Volkes beunruhigt und wurde seit Ende Juni immer stärker. Bald sollte Mounier es repräsentieren. Jeglicher Kompromiß aber scheiterte an der Feudalität: Weder konnten revolutionäre Bourgeoisie und Volksmassen deren Fortbestehen hinnehmen noch konnte die Aristokratie ihre Abschaffung ins Auge fassen, was ihr Verderben bedeutet hätte. Der Ruf nach den Truppen, um den Tiers zur Ordnung zurückzurufen, unterstrich – sofern es dessen überhaupt noch bedurfte – den aristokratischen Charakter des Ancien Régime. Das aber hieß die Rechnung ohne die Volksmassen machen.
Die Wirtschaftskrise hatte bereits zu immer mehr Erhebungen geführt. Am 28. April 1789 waren die Anlagen des Salpeterherstellers Henriot und des Tapetenfabrikanten Réveillon im Faubourg Saint-Antoine verwüstet worden. Unruhen auf den Märkten, Plünderungen von Getreidetransporten, Angriffe auf die städtischen Zollschranken: die ›Emotionen‹ des Volkes reiben die Truppe auf, halten die berittenen Polizeistreifen in Atem und heizen die Atmosphäre in den Städten an. Das ›aristokratische Komplott‹ vollendet die Mobilisierung der Massen. In Paris demonstrieren Handwerker, Kleinladenbesitzer, Gesellen und französische Leibgardisten, die sich von ihren Kasernen entfernt haben. Sie alle werden bald die Kampftruppe der revolutionären Bourgeoisie bilden.
Die in den Morgenstunden des 12. Juli bekannt gewordene Entlassung Neckers löste Panik, aber auch eine rasche Verteidigungsreaktion aus. Auf die Pariser Revolution vom 14. Juli folgte entsprechend den unterschiedlichen örtlichen Gegebenheiten die Munizipalrevolution in der Provinz: In wenigen Wochen verschwanden die alten Ge-

meindeverwaltungen, das Land wurde mit einem Netz von Ausschüssen überzogen, die eifrig die Verdächtigen überwachten und sofort zur Stelle waren, wenn es galt, aristokratische Machenschaften und Umtriebe zu unterbinden. Der Vorbeimarsch der in ihre Garnisonen zurückkehrenden Truppen, die erste Emigrationswelle sowie die Gerüchte von einer ausländischen Intervention stachelten zur Wachsamkeit an und erhöhten doch auch zugleich die Angst. Nun trat die Bauernschaft auf die Bühne, die sich in einigen Regionen schon erhoben hatte: im Bocage in der Normandie, im Hennegau, der Gegend um Mâcon, im Hochburgund und im Oberelsaß. In einem Klima allgemeiner Unsicherheit und großen Elends lieferten lokale Vorfälle den Anlaß für sechs in einer Kette aufeinanderfolgende panikartige Strömungen: Bretagne, Elsaß und Lothringen, Nieder-Languedoc ...; davon abgesehen wurde das gesamte Land zwischen dem 20. Juli und dem 6. August 1789 von der Großen Angst geschüttelt. Dies war zugleich das Ende der Feudalität, die damit definitiv zusammenbrach.

Das Bundesfest der Franzosen am 14. Juni 1790. Ausschnitt aus einem Kupferstich von J.P. Laminit

Die ›Abschaffung‹ der Feudalität

Kaum war der Aufstand auf dem Lande abgeebbt, wurden die Grundlagen der neuen Ordnung gelegt. Die Verfassunggebende Versammlung konnte über die Tragweite der Erhebung nicht in Zweifel sein: Sie war auf dem Höhepunkt der Erntezeit ausgebrochen und stellte nicht nur die feudalen Steuererhebungen, sondern die gesamte Existenz der grundherrlichen Rechte und Zehntabgaben infrage. Die Bourgoisie stand den Feudalrechten im Prinzip feindlich gegenüber. Das Feudalsystem stellte ein Hindernis für die kapitalistische Umwandlung sowohl der Landwirtschaft wie der Ökonomie insgesamt dar. Die Wirtschaft erforderte die Freiheit der Person und der Arbeit, folglich die Abschaffung des Lehensverhältnisses; die Freiheit der Produktion, damit die Beseitigung der Bannrechte und der grundherrlichen Monopole; die freie Übertragbarkeit von Besitz und Eigentum im Zusammenhang mit dem Verschwinden des Erstgeborenenrechts, des feudalen Einstandsrechts und der Freilehensabgabe; die Vereinheitlichung des Marktes und damit die Aufhebung der Wege- und Brückengelder.

Während einige liberale Grandseigneurs für den Loskauf der Abgaben und selbst für die entschädigungslose Abschaffung einiger der bedrückendsten Lasten stimmten, setzte sich die Masse der kleinen Grundherren, für die jene Abgaben einen beträchtlichen Teil ihrer Einkommen ausmachten, dem vehement und halsstarrig entgegen; sie taten dies nicht nur aus materiellem Interesse, sondern auch aus Kastengeist: ›adelsgemäß‹ lebend, sträubten sie sich, eine nichtadlige Existenz führen zu sollen, in der sie das Kapital aus dem Loskauf hätten verwerten müssen, was sie auf eine Stufe mit den Bauern gestellt hätte. Diese starrköpfige Weigerung führte zwar die Bourgeoisie, die nun schon mit dem Hof in Auseinandersetzungen begriffen war, zu Konzessionen an die Bauern, ließ sie aber doch auch nicht alle ihre Forderungen unterstützen: Unter den Abgeordneten des Dritten Standes sahen die meisten als Rechtskundige in den grundherrlichen Rechten ein legitimes individuelles Eigentum, das ohne Gefährdung der bürgerlichen Ordnung selbst nicht abgeschafft werden konnte.

Der Tiers zögerte: Am 3. August 1789 kam es zur Diskussion über eine Beschlußvorlage des berichterstattenden Ausschusses, derzufolge »kein einziger Grund die Aussetzung der Steuerzahlungen und aller anderen Abgaben zu rechtfertigen vermag«. Der Kompromißvorschlag kam vom liberalen Adel. Gleich zu Beginn der denkwürdigen Sitzung in der Nacht des 4. August schlägt der Vicomte de Noailles den Loskauf durch Geld oder den Austausch »auf der Grundlage eines gerecht geschätzten Preises« aller feudalen Steuern vor. Der Herzog von Aiguillon erläutert daraufhin, daß »diese Rechte Eigentum sind und daß jedes Eigentum heilig ist«; man könne schließlich von den *Eigentümern der Lehen und Gutsherrschaften* nicht verlangen, daß sie »einfach auf ihre feudalen Rechte verzichten«, ohne ihnen eine »gerechte Entschädigung« zu gewähren. Nachdem sie so erst einmal ihre wesentlichen Interessen gerettet hatten, konnten die Abgeordneten nun auch ihrem Enthusiasmus freien Lauf lassen: Alle Sondervorrechte von Individuen und Korporationen, Provinzen und Städten wurden abgeschafft, und zum Abschluß dieser grandiosen Entsagung wurde gegen 2 Uhr morgens Ludwig XVI. zum *Wiederhersteller der französischen Freiheit* erklärt.

Die Beseitigung der Feudalität durch die Verfassunggebende Versammlung war indessen eher zum Schein als real vollzogen: Die Erlasse vom 5. bis 11. August 1789 zur Durchführung der grundsätzlichen Beschlüsse der Nacht des 4. August sowie der Erlaß vom 15. März 1790 machten in der Folge deutlich, wie fragwürdig und zwiespältig die in jener Nacht des kalkulierten Begeisterungstaumels zur Schau gestellte Einmütigkeit und wie trügerisch die von der Aristokratie gebilligten Opfer waren; wie ungleich auch die Vorteile, die Bauern und Bürger daraus zogen. In seiner institutionellen und juristischen Dimension zerschlagen, blieb das Feudalwesen als ökonomische Realität dennoch erhalten.

»Alle Ehrunterschiede, jedwede aus dem Feudalregime

sich ergebende Überlegenheit und Macht sind abgeschafft«, desgleichen »der Lehnseid und alle sonstigen Dienste, denen bisher die Vasallen, Zinspflichtigen und Grundpächter unterworfen waren« (Art. 1 des Erlasses vom 15. März 1790). Die Unterscheidung zwischen dem Grund und Boden des Adels und dem des Nichtadels verschwindet ebenso wie das Erstgeborenenrecht. Gleichheit von Grund und Boden und Gleichheit der Person gehen Hand in Hand. Doch wenn die Steuergleichheit (Art. 9 des Erlasses vom 5. bis 11. August) auch zum Nutzen aller ist, so kommt doch die zivilrechtliche Gleichheit vornehmlich der Bourgeoisie zugute: Die Beseitigung der Käuflichkeit und Vererbung der Ämter (Art. 7), die Zulassung aller zu allen Ämtern in Staat und Heer (Art. 11) sicherten ihr den Zugang zum Staats- und Verwaltungsdienst, auf den das Volk mangels ›Fähigkeiten‹ noch keinen Anspruch erheben konnte.

Die feudale Wirtschaftsstruktur überlebte in neuen Formen. An zentraler Stelle steht hier die schon am 4. August bekräftigte und im Erlaß vom 5. bis 11. August 1789 nicht ohne Widersprüche und Zögern wiederaufgegriffene grundsätzliche Unterscheidung: »Die Nationalversammlung schafft das Feudalregime vollständig ab; sie verfügt, daß die feudalen und lehnsherrschaftlichen Rechte und Verpflichtungen, die von der sächlichen und persönlichen Mainmorte [unveräußerliches Gut] und der persönlichen Dienstbarkeit herrühren, entschädigungslos aufgehoben sind«: von der Leibeigenschaft war damit nur noch wenig übrig. »Alle anderen Rechte werden für loskäuflich erklärt«, bis zur Rückzahlung also weiter entrichtet. Dies ist eine zentrale Einschränkung, die der Aristokratie das Wesentliche ihrer Rechte erhielt: Die Bauern waren von ihren Lasten befreit, mußten aber für die Befreiung ihres Grund und Bodens bezahlen.

Der von Merlin de Douai vorgelegte Erlaß vom 15. März 1790 griff diese Prinzipien in systematischer Form wieder auf, indem er zwischen *herrschender* und *auf Vertrag beruhender Feudalität* unterschied. Als Rechte aus der herrschenden Feudalität hatten diejenigen zu gelten, von denen man annahm, daß sie zum Schaden der öffentlichen

Gewalt usurpiert, von dieser eingeräumt oder auch gewaltsam begründet worden waren: Ehrenrechte und Gerichtsbarkeiten, Rechte der Mainmorte und Leibeigenschaft, persönliche Frondienste, Bannrechte und Erhebung von Brücken- und Wegegeldern, Jagd-, Taubenschlag- und Gehegerechte waren vollständig abgeschafft. Die sich aus Verträgen herleitenden Feudalrechte, von denen angenommen wurde, daß sie die Gegenleistung für eine ursprüngliche Landabtretung darstellten, wurden in bürgerliches Eigentum verwandelt und damit für loskäuflich erklärt: Pacht- und Grundzins, Kehrzehnt aller Art und jedweder Bezeichnung (jährliche Abgaben) sowie Verkaufsgebühren (Einzelfallabgaben). Um die Zehnten wurde erbittert gefeilscht: schließlich wurden alle mit Ausnahme der an weltliche Herren zu entrichtenden nichtfeudalen Zehnten, die zum Rückkauf freigegeben wurden, entschädigungslos aufgehoben.

Die Höhe der Rückkaufsumme wurde durch die Verordnung vom 3. Mai 1790 festgesetzt: das Zwanzigfache des jährlichen Betrages für die Geldabgaben, das Fünfundzwanzigfache für die Naturalabgaben und für die Verkaufsgebühren je nach ihrer Bedeutung. Der Loskauf war strikt individuell; der Bauer hatte ferner alle bis zu 30 Jahre zurückliegenden Außenstände zu begleichen. Vom Loskauf profitieren konnten nur die Besitzenden, die dessen Lasten schlicht auf ihre Pächter und Halbpächter abwälzten. Ebenso sah es bei der Beseitigung des Zehnten aus: Der Erlaß vom 11. März 1791 gab die Last des Zehnten an den Pächter oder Halbpächter weiter: »aufgrund der dem Eigentümer geschuldeten Entschädigung als Ausgleich für den Betrag, der den Zehnt ersetzt, mit dem die Pächter und Halbpächter bislang belastet wurden«.

Der Loskauf der Feudalrechte bildete die ökonomische Basis des seit 1789 von einem Teil der Bourgeoisie mit der Aristokratie gesuchten Kompromisses. Zweifellos führten die Abschaffung der ›allgemeinen Wirkungen des Feudalregimes‹ (I. Titel des Erlasses vom 15. März 1790), die Beseitigung der feudalen Organisation des Grundbesitzes sowie die Verwaltungs- und Justizreform den Zusammenbruch der seigneurialen Macht herbei; gleichzeitig waren darin auch die Grundlagen des einheitlichen Nationalstaates gelegt. Aber infolge der Modalitäten des Loskaufs vollzog sich die Abschaffung der Feudalität in der Form eines für die Aristokratie ausnehmend günstigen Kompromisses. Da die Last letzten Endes vor allem von den Pächtern und Halbpächtern getragen werden mußte, hieß die Befreiung vom seigneurialen Regime unter den herrschenden wirtschaftlichen und sozialen Bedingungen für die Bauern je nach Lage etwas sehr Verschiedenes: Die Differenzierung der Bauernschaft, die schon während des Ancien Régime eingesetzt hatte, wurde dadurch noch weiter vorangetrieben, und die ländliche Gemeinschaft wurde noch stärker in ihren Grundfesten erschüttert. Für die Masse der Kleinbauern, der Pächter und Halbpächter, war die Beseitigung des Feudalsystems, die sich als echte Scheinoperation erwies, mit Georges Lefebvres Worten ›eine bittere Enttäuschung‹.

Die Bauernrevolution, deren Ziel die Befreiung von allen auf dem Grund und Boden lastenden Beschränkungen war, setzte sich in vielfältiger Form bis 1793 fort: ein regelrechter Bürgerkrieg, der noch seiner historischen Aufarbeitung harrt. Dieser Kampf verhinderte jeden Kompromiß mit der Feudalaristokratie und trieb die bürgerliche Revolution voran.

Der bürgerliche Liberalismus

Am ökonomischen und sozialen Kompromiß, der bei der Abschaffung des Feudalismus zustande kam, läßt sich das Werk der Verfassunggebenden Versammlung genau bestimmen: die Prinzipien wurden zwar feierlich proklamiert, zugunsten der Interessen der Besitzenden jedoch erheblich zurechtgebogen. Es ist die Freiheit, an der der Bourgeoisie am meisten liegt. Wohlverstanden die ökonomische Freiheit, obwohl diese in der Erklärung der Menschenrechte von 1789 an keiner Stelle Erwähnung findet: Gewiß deshalb, weil die wirtschaftliche Freiheit in den Augen der Bourgeoisie selbstverständlich war, aber auch weil die Volksklassen noch stark an das alte Produktionssystem gebunden blieben, das ihnen mithilfe von Reglementierung und Preisstops in gewisser Hinsicht ihre Lebensbedingungen sicherte.

Das *laisser faire, laisser passer* bildete gleichwohl seit 1789 das Fundament der neuen Institutionen. Die Freiheit des Eigentums ergab sich aus der Beseitigung der Feudalität. Die Anbaufreiheit bestätigte den Sieg des Agrarindividualismus, wenngleich das am 27. September 1791 verabschiedete Landrecht nicht ohne innere Widersprüchlichkeit den Gemeindeanger sowie das gemeinsame Wegerecht, sofern sie auf einem Eigentumstitel oder in der Gewohnheit gründeten, aufrechterhielt. Die Produktionsfreiheit wurde durch die Beseitigung der Monopole und Zünfte erweitert: Das Gesetz von Allarde vom 2. März 1791 schaffte alle Körperschaften der Zünfte und Innungen, aber ebenso alle bevorrechtigten Manufakturen ab.

Die Freiheit des Binnenhandels ging einher mit der Vereinheitlichung des nationalen Marktes durch die Aufhebung der Wege- und Binnenzölle sowie die *Zurückverlegung der Zollschranken,* wodurch die *faktischen Auslandsprovinzen* eingegliedert wurden. Mit der Aufhebung der Privilegien der Handelsgesellschaften war eine freie Abwicklung des Außenhandels gesichert. Schließlich die Freiheit der Arbeit, untrennbar an die Unternehmensfreiheit gebunden: Das Gesetz Le Chapelier vom 14. Juni

1791 verbot im Gegensatz zur Vereinigungs- und Vereinsfreiheit gleichermaßen Koalition und Streik. Das freie Individuum war auch frei zu schaffen und zu produzieren, nach Profit zu streben und ihn nach Belieben zu nutzen. Faktisch wirkte sich der auf der Abstraktion gesellschaftlich gleicher Individuen aufgebaute Liberalismus zum Vorteil der Reichen aus: Das Gesetz Le Chapelier bildete hinsichtlich des Streikrechts bis 1864, hinsichtlich des Rechts auf gewerkschaftlichen Zusammenschluß bis 1884 einen wesentlichen Grundpfeiler des freien Konkurrenzkapitalismus.

Freiheit bedeutete natürlich auch die öffentlichen und politischen Freiheiten. Sie sind nach Artikel 2 der Erklärung der Rechte ein unverjährbares natürliches Recht, die nur durch die Freiheit anderer eingeschränkt werden (Art. 4). Freiheit ist zunächst die Freiheit der Person, die als individuelle Freiheit auch durch die unterstellte Unschuld bis zum Gegenbeweis (Art. 9) vor willkürlicher Anklage und Verhaftung geschützt ist (Art. 7). Als Herren ihrer eigenen Person können die Menschen frei sagen und schreiben, drucken und veröffentlichen, soweit die Meinungsäußerungen nicht die bestehende gesetzliche Ordnung stören und keinen Mißbrauch dieser Freiheit darstellen (10, 11). Die Religionsfreiheit wurde insofern eingeschränkt, als abweichende Religionen lediglich geduldet waren. Auf politischer Ebene fand der bürgerliche Liberalismus seinen Ausdruck in der Verfassung von 1791, über deren grundlegende Prinzipien aber bereits Ende 1789 entschieden worden war: Auf der Basis der nationalen Souveränität und der Gewaltenteilung (Art. 3 und 6 der Erklärung) stellte sie ein Repräsentativsystem dar, das durch die Vorherrschaft der Gesetzgebenden Versammlung gekennzeichnet war. Die Dezentralisierung der Verwaltung, die Justiz- und Steuerreform und schließlich auch die Neuorganisation der Kirche durch die Zivilverfassung des Klerus (12. Juli 1790) entsprachen allesamt den Ansprüchen des Liberalismus: im Rahmen einer zusammenhängenden und rationellen territorialen Organisation waren alle Verwaltungsbeamten, und selbst noch die Bischöfe, auf der Basis des Zensussystems zu wählen.

In der Erklärung der Rechte wird die Gleichheit eng mit der Freiheit verbunden: sie war von der Bourgeoisie gegenüber der Aristokratie wie von den Bauern gegenüber den Grundherren gleichermaßen erbittert gefordert worden. Freilich kann es sich allein um bürgerliche Gleichheit handeln. Das Gesetz ist für alle gleich, vor ihm sind alle Bürger gleich; der Zugang zu Ehrenämtern, öffentlichen Anstellungen und Beschäftigungen steht allen ohne Rücksicht auf die Geburt offen (Art. 6 der Erklärung). Soziale Unterschiede gründen nur noch im allgemeinen gesellschaftlichen Nutzen (Art. 1) sowie in den jeweiligen Tugenden und Fähigkeiten (Art. 6); die Steuer muß auf alle Bürger gemäß ihrem Vermögen verteilt werden (Art. 13). Ein empfindlicher Schlag gegen die bürgerliche Gleichheit war allerdings die Aufrechterhaltung der Sklaverei in den Kolonien: ihre Abschaffung hätte den Belangen der Großplantagenbesitzer, deren Interessenvertretung in der Versammlung äußerst einflußreich war, zu sehr geschadet.

Von sozialer Gleichheit konnte keine Rede sein: In Artikel 2 der Erklärung wird das Eigentum zu einem natürlichen und unverjährbaren Recht erklärt, ohne Rücksicht auf die Masse derer, die nichts besitzen. Sogar der politischen Gleichheit wurde durch das Zensuswahlrecht entgegengewirkt: nach dem Gesetz vom 22. Dezember 1789 wurden die politischen Rechte einer Minderheit von Besitzenden vorbehalten, die entsprechend ihrer Steuerleistung in drei hierarchische Gruppen eingeteilt wurden: die in den *Urwählerversammlungen* vereinigten *Aktivbürger,* die *Wahlmänner,* die die *Wahl*versammlungen der Departements bildeten, und schließlich die in die Gesetzgebende Versammlung *Wählbaren*. Die *Passiv*bürger waren vom Wahlrecht ausgeschlossen, da sie den vorgeschriebenen Zensus nicht erreichten.

Die neue gesellschaftliche Ordnung mußte entscheidend durch zwei eng miteinander verknüpfte Reformen abgestützt werden; dies waren extreme Maßnahmen, zu denen die an der Verfassung orientierte Bourgeoisie zur Lösung der Finanzkrise gleichsam wider Willen gezwungen wurde: am 2. November 1789 wurden die Güter des Klerus ›der

Nation zur Verfügung gestellt«; am 19. Dezember wurden Güter im Werte von 400 Millionen zum Verkauf freigegeben, und zwar in Form von *Assignaten* in derselben Gesamthöhe, das heißt Gutscheinen zu 5%, die Schuldforderungen an den Staat bildeten und von diesem in Kirchengütern rückzahlbar waren. Der Maßnahme war wenig Erfolg beschieden. Am 27. August 1790 wurde die Assignate Banknote. Die Entwertung dieses Papiergeldes, Inflation und Verteuerung der Lebenshaltung ließen die sozialen Unruhen wieder aufflackern; den selbst erworbenen Reichtum traf dies besonders hart. Infolge des Verkaufs der Nationalgüter und beschleunigt durch den Wirkungsmechanismus der Assignate führte die Revolution zu einer Neuverteilung des Grundbesitzes, die ihren spezifischen sozialen Charakter noch mehr hervortreten läßt. Ebensowenig wie beim Loskauf der Feudalrechte wurde beim Verkauf der Nationalgüter berücksichtigt, was die Mehrzahl der Bauern geben konnte. Dadurch wurde die Vorherrschaft der Besitzenden weiter verstärkt.

Die Zivilverfassung des Klerus, die am 12. Juli 1790 beschlossen wurde und die Schwierigkeiten der Revolution noch vermehren sollte, fügte sich in den Rahmen des bürgerlichen Liberalismus. Sie mußte notwendig aus der Staats- und Verwaltungsreform hervorgehen. Da die Ordensgeistlichkeit schon am 13. Februar 1790 abgeschafft worden war, hatte die Zivilverfassung nur noch die Weltgeistlichkeit zum Gegenstand. Das äußere Gerüst der neuen Kirchenorganisation bilden die Verwaltungsbezirke: jedes Departement bekommt einen Bischof. Bischöfe und Pfarrer waren wie andere Verwaltungsbeamte zu wählen: die Pfarrer durch die Wahlversammlung des Distrikts, die Bischöfe durch die des Departements. Die Neugewählten sollten durch ihre kirchlichen Vorgesetzten eingesetzt werden, die Bischöfe also durch die Erzbischöfe und nicht mehr durch den Papst. Die Kirche von Frankreich wurde zur Nationalkirche. Ihre Bindungen zum Papsttum wurden gelockert, die päpstlichen Rundschreiben der Regierungszensur unterworfen und die Annaten (Abgaben an die päpstliche Schatzkammer) aufgehoben. Zwar behielt der Papst weiterhin die geistige Oberherr-

schaft über die Kirche von Frankreich, die Gerichtsbarkeit wurde ihm allerdings entzogen.
Die Verfassunggebende Versammlung stellte nunmehr dem Papst anheim, ›die Zivilverfassung einzusegnen‹, mit anderen Worten, ihr die kanonische Weihe zu erteilen. Der Papst hatte schon die Erklärung der Menschenrechte als gottlos verurteilt; zahllose Beschwerden kamen hinzu. Avignon sträubte sich gegen die päpstliche Herrschaft und verlangte den Anschluß an Frankreich. Pius VI. zog die Angelegenheit in die Länge. Schließlich forderte die Verfassunggebende Versammlung am 27. November 1790, des Wartens überdrüssig, von allen Priestern den Treueid auf die Verfassung des Königreiches und damit auch auf die Zivilverfassung, die in ihr enthalten war. Nur sieben Bischöfe leisteten den Eid. Die Pfarrer teilten sich in zwei etwa gleichgroße Gruppen, die aber je nach Gebiet ungleich verteilt waren: die *Vereidigten* oder Verfassungstreuen waren im Südosten in der Mehrheit, die *Eidverweigerer* oder *Unvereidigten* im Westen. Die Verurteilung der Zivilverfassung durch den Papst besiegelte diesen faktischen Zustand. Die päpstlichen Rundschreiben vom 11. März und 13. April 1791 verurteilten feierlich die Prinzipien der Revolution und der Zivilverfassung: die Kirchenspaltung war vollzogen. Fortan war das Land zweigeteilt. Die Opposition der Eidverweigerer verstärkte die konterrevolutionäre Agitation, der religiöse Konflikt überlagerte den politischen.
Die ihr Werk kennzeichnenden Widersprüche geben die Realität der Abgeordneten der Verfassunggebenden Versammlung wider und zeigen zugleich, daß sie sich dann, wenn es um ihre Klasseninteressen ging, wenig um Prinzipien kümmerten. Dennoch war den Grundsätzen von Neunundachtzig ein Echo beschieden, das noch heute nicht verklungen ist. Die am 26. August angenommene Erklärung präzisiert den Kernbereich der Menschenrechte und der Rechte der Nation mit einem Bemühen um Allgemeingültigkeit, die um vieles über den realen Charakter der Freiheiten, wie sie im 17. Jahrhundert in England formuliert wurden, hinausgeht. Was die amerikanischen Deklarationen während des Unabhängigkeitskrieges betrifft,

so machten diese zwar den Allgemeinheitsanspruch des Naturrechts geltend, jedoch mit Einschränkungen, die ihre Bedeutung beträchtlich verminderten. Die Grundsätze, auf denen die verfassunggebende Bourgeoisie ihr Werk aufgebaut hatte, nahmen für sich in Anspruch, in der universellen Vernunft begründet zu sein. Die Erklärung der Rechte gab ihnen einen nachhaltigen Ausdruck. In Zukunft konnten die ›Forderungen der Bürger, begründet auf einfachen und unanfechtbaren Prinzipien‹, nur ›zur Aufrechterhaltung der Verfassung und zum Glück aller‹ führen: ein optimistischer Glaube an die Allmacht der Vernunft, der wohl mit dem Geist der Aufklärung übereinstimmte, dem Druck der Klasseninteressen jedoch nicht standzuhalten vermochte.

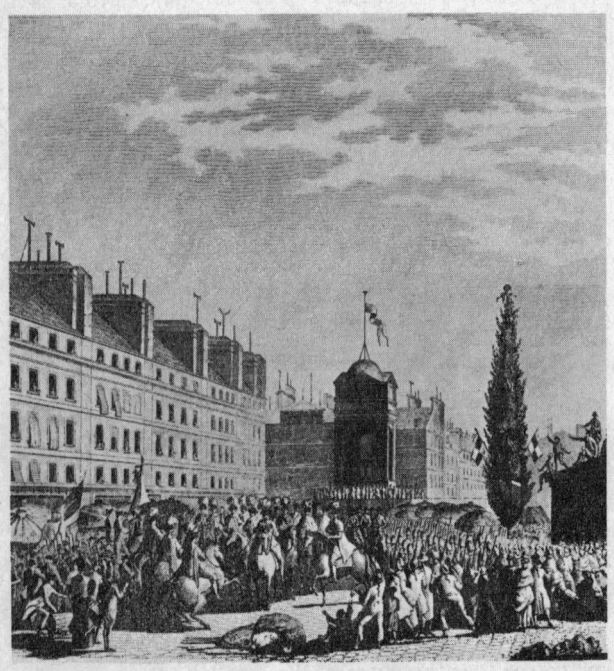

Proklamierung der Verfassung am 14. September 1791. Ausschnitt aus einem Kupferstich von Berthault

Der unmögliche Kompromiß

Auf der Grundlage des ökonomischen und sozialen Kompromisses, als welcher der spezifische Modus des Loskaufs der grundherrlichen Rechte zu gelten hat, sowie im Rahmen des auf dem Zensus aufbauenden Liberalismus, der die Eigentumsrechte und die Perpetuierung des Reichtums absegnete, bemühte sich die verfassunggebende Bourgeoisie lange und zäh um einen politischen Kompromiß mit der Aristokratie. Der borniert Widerstand der Masse des kleinen Adels, der im wesentlichen von den Abgaben lebte, und auf der anderen Seite der ungebrochene und aggressive Wille der Bauern, mit allen feudalen Überresten aufzuräumen, waren der Hintergrund für die Politik des Kompromisses und der Aussöhnung: die Stabilisierung erwies sich als unmöglich. Der politische Kompromiß, der nach dem Vorbild der englischen Revolution von 1688 bei Übergehung der geknechteten Volksmassen die gemeinsame Herrschaft von Hochbourgeoisie und Aristokratie bringen sollte, wurde erstmals im September 1789 von den *Monarchisten* oder *Anglomanen* gesucht, die sich für ein Oberhaus als Bollwerk der Aristokratie sowie ein absolutes königliches *Veto* einsetzten.

Mounier glaubte, 1789 wie schon 1788 in Vizille die Zustimmung aller drei Stände zu einer begrenzten Revolution erhalten zu können. Diese *Revolution der Notabeln* scheiterte; Mounier verließ am 10. Oktober 1789 Versailles; wenig später, am 22. Mai 1790, emigrierte er. Sei es aus Unverstand oder aus Ehrgeiz, La Fayette jedenfalls bemühte sich länger: Ziel seiner Politik war es, im Rahmen einer konstitutionellen Monarchie nach englischem Muster die grundbesitzende Aristokratie mit der Handelsbourgeoisie auszusöhnen. 1790 beherrscht La Fayette das politische Leben; er triumphiert auf dem Föderationsfest am 14. Juli. Sein wahres Gesicht aber zeigte er, als er die von seinem Vetter Bouillé geführte Strafexpedition im August 1790 gegen die revoltierende Garnison von Nancy guthieß: seine Popularität brach zusammen. Bald sollte ihn das Triumvirat ablösen. Den sozialen und politischen

Gehalt des erstrebten Kompromisses hat wohl keiner klarer definiert als Barnave in seiner feurigen Rede vom 15. Juli 1791: »Wollen wir die Revolution beenden, oder wollen wir noch einmal mit ihr beginnen? ... Ein Schritt mehr würde Unheil und Schuld auf uns laden. Ein Schritt weiter auf dem Wege der Freiheit wäre die Zerstörung des Königtums, ein Schritt weiter auf dem Wege der Gleichheit wäre die Zerstörung des Eigentums.«

Im Einvernehmen mit La Fayette beabsichtigten die Mitglieder des Triumvirats Barnave, Du Port und Lameth, den Wahlzensus zu erhöhen und die Macht des Königs zu stärken: diese Politik machte die Mitarbeit der Aristokratie ebenso notwendig wie die Zustimmung Ludwigs XVI. Die Weigerung des Königs und der Aristokratie, der Hilferuf ans Ausland und schließlich der Krieg brachten noch einmal diese Politik zu Fall.

Da sich die Aristokratie den Ansprüchen verweigerte, mußte schließlich, um ihren Widerstand zu brechen, die Unterstützung der Volksmassen gesucht werden. Ihr starrköpfiges Festhalten am Privileg, ihr maßloses Exklusivitätsstreben, ihre feudale Mentalität, die sich allen bürgerlichen Prinzipien gegenüber als immun erwies, ließen die überwiegende Mehrheit des französischen Adels in einer totalen Ablehnung verharren. Das Verhalten der Monarchie zeigte dagegen deutlich, daß sie, wenn es notwendig war, das Herrschaftsinstrument einer Klasse bildete: Der Ruf nach den Truppen, zu dem der Hof sich in den ersten Julitagen 1789 entschloß, schien das Ende der Revolution anzuzeigen. In ihrer überwiegenden Mehrheit akzeptierte die Aristokratie weder die Erlasse vom 5.–11. August 1789 noch die Erklärung der Rechte; d. h. mit anderen Worten, sie kämpfte gegen die wenn auch teilweise Zerstörung des Feudalsystems. »Ich werde der Beraubung meines Klerus und meines Adels niemals zustimmen«, erklärte Ludwig XVI. Die großen Volksaktionen im Oktober zwangen ihn schließlich zur Annahme der Erlasse.

Während der König La Fayette, den er zugleich verabscheute, für sich arbeiten ließ, kapselte sich die Aristokratie im Jahre 1790 in ihrem Widerstand ein. Durch die Umtriebe der Emigranten, die Intrigen der ausländischen

Höfe und die Anfänge der Konterrevolution wurde sie in ihren Hoffnungen gestärkt; außerdem ließen die Landrevolten, die in vielen Regionen wegen der Verpflichtung zum Rückkauf der Feudalrechte ausgebrochen waren, ihre ablehnende Haltung nur noch härter werden. Die Flucht des Königs am 21. Juni 1789, die Zusammenziehung bewaffneter Emigranten am Rhein und schließlich der seit 1791 gesuchte und herbeigesehnte Krieg machten deutlich, daß es die Aristokratie aus Klasseninteresse vorzog, eher die Nation zu verraten als nachzugeben.

Die Politik einer Aussöhnung von Aristokratie und Hochbourgeoisie blieb solange eine Schimäre, wie nicht die letzten Spuren des Feudalsystems unwiderruflich vernichtet waren. Solange die Aristokratie nur einen Funken Hoffnung sah, durch die Rückkehr zur absoluten Monarchie ihre alten Rechte wiederherstellen zu können, verweigerte sie den Kniefall vor der bürgerlichen Ordnung. Erst als die Feudalität endgültig zerstört (wozu es noch des Jahres 1793 und der Schreckensherrschaft bedurfte) und jeder Versuch einer sozialen Restauration unmöglich geworden war, akzeptierte schließlich auch die Aristokratie den politischen Kompromiß, der sie während der Juli-Monarchie gemeinsam mit der Großbourgeoisie an die Macht brachte. (Dies freilich erst nach 15 Jahren napoleonischer Diktatur, nach dem Scheitern der Ultras und den Glorreichen von 1830.)

Die Bauern lehnten nicht minder erbittert den Kompromiß des Rückkaufs ab. Die Verfassunggebende Versammlung hatte voller Illusionen von diesem Gesetz eine rasche und allseits gerechte Auflösung des Feudalregimes erwartet. Das Gesetz rief bei den Zeitgenossen das lebhafteste Interesse hervor, regte zu Diskussionen und zu Widerspruch an, wovon nicht nur die Akten des Feudalausschusses der Verfassunggebenden Versammlung und des Gesetzgebungsausschusses des Konvents Zeugnis ablegen, sondern mehr noch die Archive der Departement- und Distriktregierungen, der öffentlichen Register und die Akten der Notare. Obwohl die Grundsätze des Rückkaufs schon am 4. August 1789 proklamiert worden waren, konnten die Abgabepflichtigen ihre Befreiung doch erst

nach der Veröffentlichung des Erlasses am 3. Mai 1790 ins Auge fassen. Der Rückkauf wurde nach den im Gesetz vom 15. März 1790 formulierten Grundsätzen festgelegt: die ersten regulären Angebote seitens der Abgabepflichtigen scheinen im Juni gemacht worden zu sein. Diese Verzögerungen erbitterten noch die Wohlwollendsten.
Die unzulängliche Abfassung der Dekrete vom 4. August, die mit der feierlichen Bekräftigung anhoben: »Die Verfassunggebende Versammlung schafft das Feudalregime vollständig ab«, trug ihren Teil zur Verwirrung bei: Die Bauern nahmen die Formel beim Wort, wollten die Ausnahmen, die das Gesetz selbst nannte, nicht wahrhaben und betrachteten die Gesetze von 1790 als null und nichtig. Man kann sich denken, welchen Einfluß eine derartige Einstellung auf die Praxis des Rückkaufs ausüben mußte. Zudem war es eine entscheidende Unterlassung, keine einzige finanzielle Maßnahme, keine Kreditinstitution vorgesehen zu haben, die es den Abgabepflichtigen erlaubt hätte, sich die für ihre Befreiung notwendige Geldsumme zu beschaffen. Der überwiegende Teil der Bauernschaft verfügte nicht über die erforderlichen Rücklagen: damit erwies sich der Loskauf außer für die Reichen als unmöglich, und die versprochene Freiheit wurde zum Trugbild. Der Schritt von der Enttäuschung zur Wut war überdies umso schneller getan, als die Grundherren nicht nur die beibehaltenen Abgaben, sondern auch noch die Zahlungsrückstände der Feudalrechte gierig einstrichen: nach seiner grundsätzlichen Abschaffung in der Nacht des 4. August war das Fortbestehen des Feudalismus alles andere als ein Produkt mythischer Einbildungskraft.
Unter diesen Umständen ließ ein regelrechter Bürgerkrieg zwischen 1789 und 1793 – je nach Gebiet mehr oder weniger intensiv – Bauernschaft und Aristokratie aufeinanderprallen. Im Departement Doubs, wo man nach 1789 tatsächlich nur einen gewaltsamen Zwischenfall meldete, verschwanden die Bannrechte dennoch im gleichen Jahr; auch die Zahlung der Rückstände der beseitigten Feudalrechte wurde eingestellt; Ende 1789 verweigerte die Mehrzahl der Gemeinden die Entrichtung der als aufgehoben betrachteten Abgaben und unterstützte die verfolg-

ten Bauern; die Verweigerung des Zehnten war 1790 gang und gäbe; 1791 wurden sehr viele Widerspenstige verurteilt; 1792 begann es dann wieder, kaum merklich zu brodeln.
In vielen anderen Gegenden hörten die Landrevolten zwischen 1789 und 1793 nicht auf; sie flauten zuweilen ab, um dann während der Perioden, in denen die Eintreibung der Feudalabgaben anstand oder die Getreidepreise übermäßig stiegen, in alter Stärke aufzulodern. Zu schweren Unruhen bzw. Bauernaufständen kam es Ende 1789 in Aisne, im Bocage in der Normandie, in Anjou, im Hochburgund, im Dauphiné, Vivarais und Roussillon. Im Januar 1790 folgten Bauernunruhen im Quercy und Périgord, sodann in der Hochbretagne, in Ploërmel bei Redon, im Mai im Bourbonnais; während der Erntezeit wurden die Zehntabgaben und die Kehrzinsen im gesamten Gâtinais verweigert. Quercy und Périgord erhoben sich erneut im Winter 1791–92; im Frühling wurden der Gard, die Ardèche und Lozère, Tarn und Cantal erfaßt; Ariège im Herbst, während vom Frühling bis Herbst die Beauce und Umgebung im Zentrum heftiger Agitationen für eine Reglementierung der Waren und Preise standen. Im Juli 1793 erhoben sich die Halbpächter des Gers; ebenfalls im Juli und bis in den August hinein meldete das Gebiet Seine-et-Marne Unruhen wegen des Fruchtzinses.
Gewiß ging es nicht immer nur um die seigneurialen Abgaben und den Zehnt; hatte die ausgezeichnete Ernte von 1790 die Lage etwas entspannt, so brachen zu Beginn des Frühlings 1792 die Unruhen auf den Märkten verstärkt wieder aus, ebenso häuften sich die Überfälle auf Getreidetransporte: die drohende Hungersnot heizte den Widerstand gegen die Feudalabgaben und die Pflichtmodalitäten des Rückkaufs an. Durch diese zunehmende Bedrohung verfestigte sich die ablehnende Haltung der Aristokratie immer mehr, was zur Verschärfung der Situation beitrug. Ebenso wie die städtischen Volksbewegungen trieb der Klassenantagonismus auf dem Lande die Revolution voran.
Die Flucht des Königs nach Varennes am 21. Juni 1791 legte auf einen Schlag die Vergeblichkeit der kompromiß-

Festnahme der königlichen Familie in Varennes, am 21. Juni 1791. Lithographie nach einem Stich von Bovi

lerischen Politik offen. Mochte die verfassunggebende Bourgeoisie auch den *Terror der Trikolore* entfesseln und den Zensuscharakter der Verfassung noch verstärken – die Kluft nahm weiter zu, wie es die Ängste und in ihrem Gefolge die Gewalttaten und Aufruhren in aller Deutlichkeit zeigten. Der Graf von Dampierre, der gekommen war, um den König bei der Rückfahrt von Varennes zu begrüßen, wurde, während die schwerfällige Kutsche Sainte-Menehould hinter sich ließ, von seinen Bauern niedergemetzelt. Fortan war der König in den Augen der Massen der furchtbarste Feind: die Flucht nach Varennes hatte ›den Schleier zerrissen‹.

Der Krieg mit dem Ausland erschien der Aristokratie als letzter Strohhalm. »Statt eines Bürgerkrieges wird es ein Krieg mit dem Ausland sein«, schrieb Ludwig XVI. am 14. Dezember 1791 an seinen Beauftragten Breteuil, »und die Dinge werden damit weitaus besser stehen«. Und am gleichen Tag Marie-Antoinette an ihren Freund Fersen, auf die Partei gemünzt, die in der neuen Versammlung zum Krieg drängte: »Diese Dummköpfe! Sie sehen nicht, daß sie uns damit dienen.« In der Tat wollte die Linke in der am 1. Oktober 1791 zusammengetretenen Gesetzgebenden Versammlung mehrheitlich den Krieg, unter dem Druck jener neuen Männer, die Zeitgenossen nach ihrem Fraktionsführer *Brissotins* nannten und die wir, seit Lamartine, als *Girondisten* bezeichnen.

Als Repräsentanten der hohen Handelsbourgeoisie hatten die Girondisten vor, endlich mit der Konterrevolution aufzuräumen, vor allem auch, um damit den für die positive Entwicklung der Unternehmen notwendigen Kredit der Assignate wieder anzukurbeln. Der Krieg, den die Aristokratie wünschte, um nach der Niederlage die Konterrevolution im Inneren durchzuführen, schreckte auch die Handelsbourgeoisie nicht: waren die Waffenlieferungen an die Armee nicht schon immer äußerst einträglich gewesen? Krieg gegen England? Das war so sicher nicht. Die Macht dieser Handelsbourgeoisie gründete im Wohlstand der Hafenstädte Marseille, Nantes und vor allem Bordeaux, die allesamt lebendige Zentren des wesentlich am Handel orientierten Kapitalismus der Epoche waren.

Die Girondisten, die den Kontinentalkrieg im April 1792 ausgelöst hatten, erklärten England erst im Februar 1793 den Krieg: gefährdete der Seekrieg doch den Handel mit den Antillen und den Wohlstand der Seehäfen. Der kontinentale Krieg kam den politischen Berechnungen der girondistischen Bourgeoisie eher entgegen: Indem man das europäische Ancien Régime attackierte, sollte der Kampf gegen die Aristokratie auf den absoluten Höhepunkt getrieben, ihr die Maske vom Gesicht gerissen werden, um sie zur bedingungslosen Aufgabe zu zwingen. »Weisen wir den Verrätern schon jetzt einen Platz zu, und dieser wird das Schafott sein«, rief Guadet am 14. Januar 1792 aus.

Doch die girondistische Bourgeoisie erwies sich als unfähig, diesen Krieg gegen die Aristokratie allein aus eigenen Kräften zu führen: aufgrund ihres Klassenegoismus schlug sie die Mithilfe des Volkes aus. Damit bewahrheiteten sich die Voraussagen Robespierres in seinen großen Reden vor den Jakobinern, wonach die Aristokratie statt außerhalb der Grenzen vorrangig im Innern zu bekämpfen und zu vernichten sei. Schon hatte sich die Gironde unter dem Vorwand, daß der Krieg die Einheit fordere, als Bürge für La Fayette aufgeführt und schützend vor den Außenminister, den Grafen von Narbonne, gestellt. Dies war ein Vorgriff auf jenes Regime der *Notabeln,* als dessen Theoretikerin sich Mme de Staël, Geliebte von Narbonne, hervortun sollte, und das endlich die Interessen der vereinigten grundbesitzenden Aristokratie mit denen der Handelsbourgeoisie zum Ausgleich brachte.

Die Rückschläge im Frühjahr 1792, in deren Folge die Gironde die unvermeidliche Allianz mit den Volksmassen eingehen mußte, um den Sieg zu sichern, machten ihre Zauderpolitik, wenn nicht gar ihre Doppelzüngigkeit restlos deutlich: sie willigte zwar ein, sich an das Volk zu wenden, wie etwa am 20. Juni 1792, aber doch nur unter dem Vorbehalt, daß dieses sich auch an die ihm vorgegebenen Ziele hielt.

Die nationale Krise, die sich mit der Wirtschaftskrise verband, verstärkte indessen den Druck der Massen: nationaler Elan und revolutionäre Bewegung sind nicht zu trennen, der Patriotismus wird durch den zugrundeliegenden

Klassenkonflikt genährt und aufgeheizt. Die Aristokraten machen mit dem König gemeinsame Front gegen die Nation, die sie verachten, im Innern erwarten sie die Eroberer, als Emigranten kämpfen sie in den Reihen des Feindes.
Für die Patrioten von Zweiundneunzig steht die Rettung und Weiterführung des Erbes von Neunundachtzig auf dem Spiel. Auf Anraten selbst der Girondisten bewaffnen sich die Passivbürger mit Spießen, setzen die roten Mützen auf und treten vermehrt in die Brudergesellschaften ein. Werden sie die Zensusschranken der Nation niederreißen? ... »Das Vaterland«, schreibt Roland in seinem berühmten Brief vom 10. Juni 1792 an Ludwig XVI., »das ist keineswegs ein bloßes Wort, das die Einbildungskraft selbstgefällig ausgeschmückt hat; es ist ein Wesen, dem Opfer gebracht worden sind ..., das mit großen Anstrengungen geschaffen wurde und nun inmitten aller Unruhen sich aufrichtet, und das man ebensosehr um dessentwillen liebt, was es kostet, wie auch um das, was es erhoffen läßt.« Vaterland bedeutete für die Passivbürger nichts weiter als verwirklichte Rechtsgleichheit.
Die nationale Krise, die die revolutionäre Stimmung auf den Höhepunkt trieb, verschärfte nun aber zugleich die sozialen Gegensätze innerhalb des ehemaligen Dritten Standes selbst. Stärker noch als 1789 bemächtigte sich Unruhe der Bourgeoisie. Die Reichen werden zur Bewaffnung der Freiwilligen mit Steuern belastet; da die Inflation katastrophale Ausmaße annimmt und kein Ende abzusehen ist, nehmen auch die Lebensmittelunruhen wieder zu. Der Mord an dem Bürgermeister von Etampes, de Simoneau, am 3. März 1792, offenbart den unaufhebbaren Gegensatz zwischen den Forderungen der Massen und den bürgerlichen Konzeptionen von Handel und Eigentum. Während im Mai Jacques Roux in Paris schon die Todesstrafe für die wucherischen Aufkäufer fordert, unterbreitet am 9. Juni 1792 in Lyon der städtische Beamte Lange seine »einfachen und leicht zu handhabenden Mittel zur Feststellung des Überschusses und des gerechten Preises des Brotes«.
Ein Gespenst sucht seitdem die Bourgeoisie heim: das

›Ackergesetz‹, anders gesagt die Aufteilung des Grundbesitzes. Während der Pfarrer von Mauchamp, Pierre Dolivier, die Verteidigung der Aufrührer von Etampes übernimmt, ordnet die Gironde eine feierliche Trauerfeier zu Ehren von Simoneau an und läßt dessen Bürgermeisterschärpe in den Gewölben des Panthéon aufhängen. Immer deutlicher zeichnet sich damit die Spaltung ab, die Girondisten und Montagnards [Bergpartei] bald entzweien wird, auch lassen sich schon die tieferen Gründe für das erahnen, was die Geschichte später leicht verschämt ›die nationale Ohnmacht‹ der Gironde genannt hat: als Repräsentanten der Bourgeoisie, die sich mit aller Leidenschaft der wirtschaftlichen Freiheit verschrieben hatten, wurden die Girondisten nun angesichts des Volksansturms, den sie durch ihre Kriegspolitik selbst ausgelöst hatten, von Angst gepackt. Ihr Nationalgefühl war nie stark genug, um die Forderungen ihrer Klassensolidarität zum Schweigen zu bringen.

In dem Augenblick, als der letzte Schritt fällig war, schrak die Gironde vor dem Aufstand der Volksmassen zurück, der von ihr zunächst selbst begünstigt wurde und am 10. August 1792 nicht nur den Thron und die Verfassung von 1791, sondern auch die engen Zensusschranken der Nation stürzen sollte. Die Girondisten aber fürchteten vor allem um das Eigentum, zumindest um die Vorherrschaft des Reichtums überhaupt. Der 10. August hat sich zwar nicht gegen, aber doch ohne die Gironde vollzogen: diese Enthaltsamkeit wurde ihr zum Verhängnis.

Dem Aufstand vom 10. August 1792 kam durch die Teilnahme von Föderierten aus Marseille und der Bretagne ebenso nationale wie im weitesten Sinne soziale Bedeutung zu: mit ihm fielen die bis dahin die Nation noch trennenden Schranken. In großer Zahl traten die Passivbürger seit Juli in die Sektionsversammlungen und Bataillone der Nationalgarde ein. Am 30. Juli hatte die Gesetzgebende Versammlung erstmals per Dekret den Zugang der Passivbürger zur Nationalgarde gestattet und damit den faktischen Zustand sanktioniert. »Wenn dem Vaterland Gefahr droht«, verkündete die Pariser Sektion Butte-des-Moulins, »muß der Souverän (verstanden als das Volk im

Sinne Rousseaus) auf seinem Posten sein: an der Spitze seiner Armeen, an der Spitze seiner Angelegenheiten, überall hat er zu sein.« Durch allgemeine Wahl und die Bewaffnung der Passivbürger gliederte diese ›zweite Revolution‹ das Volk in die Nation ein: als solche markiert sie die Durchsetzung der Demokratie.
Am Ende vergeblicher Versuche schalteten sich die alten Anhänger des Kompromisses selbst aus. Dietriech versuchte noch einmal, Straßburg aufzuwiegeln, dann floh er; von seinen Truppen im Stich gelassen, lief La Fayette am 19. August 1792 zu den Österreichern über. Aber mehr noch ließ das Auftreten der Sansculotterie eine Fraktion der Bourgeoisie aufhorchen: schon zeichneten sich die Widerstände gegen diese demokratische Volksrepublik ab, die sich in der ›zweiten Revolution‹ vom 10. August ankündigte. »Keine besondere Klasse von Bürgern« hatte die Pariser Sektion des Théâtre français am 30. Juli 1792 erklärt, »vermag sich das ausschließliche Recht zur Verteidigung des Vaterlandes anzumaßen.«

Sansculotte in seiner typischen Tracht

Dreiundneunzig
Bürgerliche Republik oder Volksdemokratie?
(1792–1795)

In dem Konflikt, der nunmehr zwischen dem revolutionären Frankreich und der Aristokratie Europas ausgetragen wurde, nahm ein Teil der Bourgeoisie wahr, daß sie ohne das Volk nicht siegen konnte: die Montagnards verbündeten sich mit den Sansculotten. Für die Großbourgeoisie bedeutete dieses Auftauchen des Volkes auf der politischen Szenerie höchste Gefahr für ihre Interessen; deshalb beschwor sie durch die Stimme von Brissot die ›Hydra der Anarchie‹ herauf. »Euer Eigentum ist bedroht«, rief Pétion Ende April 1793 aus und trommelte so die Besitzenden zusammen. »Die Gleichheit ist nur ein leeres Phantom«, antwortete ihm am 25. Juni 1793 der Enragé Jacques Roux, »solange der Reiche kraft seines Monopols das Recht auf Leben und Tod gegenüber seinesgleichen ausübt«. Damit begann im Frühling 1793 jenes Drama, in dessen Verlauf die von den Sansculotten noch diffus angestrebte Volksrepublik angesichts der Forderungen der bürgerlichen Revolution schließlich scheiterte. So zeichnete sich schon damals der unaufhebbare Widerspruch zwischen den Bestrebungen und Wünschen einer gesellschaftlichen Gruppe und dem objektiven Stand der historischen Notwendigkeiten ab.

Der Despotismus der Freiheit

Girondisten und Montagnards (1792–1793)

Die Rivalität zwischen der Gironde und der Montagne trägt als Folge der politischen Grundentscheidungen trotz der sie verbindenden bürgerlichen Herkunft einen unverkennbaren Klassencharakter. Als Wortführerin der Handelsbourgeoisie will die Gironde Eigentum und wirtschaftliche Freiheit gegen die von den Sansculotten geforderten Beschränkungen verteidigen, also gegen Reglementierung, Preisstop, Beschlagnahme und Zwangskurs der Assignaten. Die Girondisten, denen ein ausgeprägtes Gefühl für soziale Hierarchien eigen war, zeigten gegenüber dem Volk eine instinktive Abwehrhaltung; das Regierungsmonopol behielten sie ihrer Klasse vor. In seinem *Aufruf an alle Republikaner Frankreichs* vom Oktober 1792, mit dem er die Jakobiner und Montagnards anschwärzte, hatte Brissot geschrieben: »Die Zerstörer sind jene, die alles gleichmachen wollen, das Eigentum, den Wohlstand, die Lebensmittelpreise, die verschiedenen in der Gesellschaft zu leistenden Dienste«. Robespierre hatte schon vorher, in der ersten Nummer der *Lettres à ses commettants* vom 30. September 1792 geantwortet und die falschen Patrioten angeklagt, »die die Republik nur für sich selbst errichten wollen, die nur im Interesse der Reichen zu regieren beabsichtigen«.

Die Montagnards und hier vor allem die Jakobiner bemühten sich, der nationalen Wirklichkeit den positiven Inhalt zu geben, der geeignet war, die Volksmassen zu vereinen. In seiner Rede vom 29. November 1792 über den Lebensunterhalt unterstrich Saint-Just die Notwendigkeit, »das Volk von dem Zustand der Unsicherheit und des Elends zu befreien, der es korrumpiert«; »in einem einzigen Augenblick könnt ihr dem französischen Volk ein Vaterland schenken«: indem ihr die Verheerungen der Inflation beendet, den Lebensunterhalt des Volkes sichert und »sein Glück eng mit seiner Freiheit« verbindet. Noch klarer drückte sich Robespierre in seiner Rede vom

2. Dezember 1792 über die Getreideunruhen in Eure-et-Loir aus: »Das oberste Recht ist das Recht auf Leben. Das erste Sozialgesetz besteht also darin, daß allen Mitgliedern der Gesellschaft die Mittel zum Leben garantiert werden; alle anderen Gesetze sind dem untergeordnet«.

Die Anforderungen des Krieges und ihr Nationalgefühl brachten die Montagnards dazu, sich den Sansculotten zuzuwenden: Die Lage der Republik machte außergewöhnliche Maßnahmen erforderlich, die nur mit Unterstützung des Volkes durchzusetzen waren; freilich bedeutete dies, daß man das Volk erst durch eine neue soziale Orientierung der Arbeit gewinnen mußte.

Der Prozeß des Königs und dessen Tod brachten Gironde und Montagne in einen unversöhnbaren Gegensatz, wodurch die Bedingungen der neuen politischen Realität deutlicher wurden. Saint-Just hatte als erster die Frage nach der Verurteilung Ludwig XVI. unter dem nationalen Blickwinkel gestellt: »Wir wollen die Republik, die Unabhängigkeit, die Einheit ... Ludwig XVI. muß wie ein ausländischer Feind verurteilt werden« (13. November 1792). Die Hinrichtung des Königs am 21. Januar 1793, die der monarchistischen Haltung einen entscheidenden Schlag versetzte, brachte jenen Prozeß zum Abschluß, in dem die Idee der Nation zunehmend ihre royalistische Form abstreifte. Sie machte fortan jeden Kompromiß zwischen den ›Königsmördern‹ und den ›Appellanten‹ unmöglich, die zur Rettung Ludwigs XVI. eine von Vergniaud vorgeschlagene Volksbefragung befürwortet hatten. Indem sie sich um das Leben des Königs bemühten, glaubten die Girondisten, den Konflikt mit Europa begrenzen zu können. Sie neigten damit mehr oder weniger bewußt zu einem Kompromiß mit der Aristokratie: eine inkonsequente Haltung für Männer, die noch im November 1792 den Propagandafeldzug gepredigt hatten. Für die Nation, die nunmehr identisch war mit der Republik und sich auf die gestärkte Solidarität der bürgerlichen Bergpartei und der Sansculotten gründete, blieb nach der Hinrichtung des Königs kein anderes Ende als der Sieg.

Die Niederlagen vom März 1793, der Aufstand in der Vendée und die daraus resultierende Gefahr besiegelten das Schicksal der Gironde. Bis zum Schluß sperrte sie sich gegen jede Konzession. Noch am 13. März 1793 erklärte Vergniaud: »Für den sozialen Menschen heißt Gleichheit allein Gleichheit an Rechten«; das bedeutete, an der Vormachtstellung von Eigentum und Reichtum festzuhalten. Die denkwürdigen Tage vom 31. Mai bis 2. Juni 1793, in deren Verlauf die Girondisten von den Pariser Sektionen aus dem Konvent entfernt wurden, weisen einen ebenso nationalen wie sozialen Aspekt auf. Jaurès hat ihren Klassencharakter geleugnet: ihm zufolge haben die Girondisten »einfach wegen ihres zu Cliquen- und Franktionsgeist verkümmerten Parteiengeistes« verloren. Das stimmt, wenn man sich auf die parlamentarische Dimension dieser Tage beschränkt; ihr sozialer Aspekt aber tritt in der Rolle der Pariser Sansculotterie sowie der Eliminierung der Großbourgeoisie eindeutig hervor.

Als revolutionärer Ausbruch bilden diese Tage ferner einen nationalen Reflex, eine Abwehr- und Bestrafungsreaktion gegen einen neuen Vorstoß des aristokratischen Komplotts. Die Ausdehnung der *Bewegung der Sektionen* hatte dies schon vorher deutlich gemacht: unter dem Deckmantel der girondistischen Opposition begann in Marseille, Bordeaux und verstärkt in Lyon die aristokratische Konterrevolution eine erneute Offensive. Als Ausweitung des Bürgerkrieges, dessen Initiative die Sektionsbewegung im Mai 1793 übernommen hatte, zeigt auch der *Föderalismus* diesen doppelten Aspekt, wobei sein sozialer Gehalt noch stärker erscheint als seine politische Tendenz. Zum Teil erklärt er sich aus den fortbestehenden regionalen Partikularismen, aber mehr noch aus der Gemeinsamkeit von Klasseninteressen: Der föderalistische Aufstand vereinigte sowohl die Anhänger des Ancien Régime, die weiterhin am Zensussystem festhaltenden Feuillants wie auch die um ihr Eigentum und die Profitfreiheit besorgte Bourgeoisie. Da sie noch den Prinzipien von Neunundachtzig verpflichtet waren und auch um die nationale Unabhängigkeit fürchteten, verweigerten die Girondisten dem Vendée-Bündnis* und dem Appell ans

---

* Konterrevolutionäre Opposition von Aristokraten und eidverweigernden Priestern, unterstützt von den Emigranten; (März–Dezember 1793).

Ausland ihre Zustimmung: andererseits haben sie wegen ihres Mißtrauens gegenüber den Volksmassen und ihrer Abneigung gegen deren Eingliederung in eine erweiterte Nation das Spiel der Aristokratie und der Koalition gespielt.

Die Girondisten. Ausschnitt aus einem Gemälde von Delaroche

Montagnards, Jakobiner und Sansculotten (1793–1794)

Kaum war die Gironde ausgeschaltet, sah sich der nun von den Montagnards geführte Konvent zwischen zwei Feuern. Während die Konterrevolution durch die föderalistische Revolte einen neuen Auftrieb erhielt, verstärkte die Volksbewegung infolge der durch Verteuerung und Hungersnot gesteigerten Verzweiflung ihren Druck. Die Regierungsorganisation erwies sich als unfähig, Herr der Situation zu werden: Danton verhandelte im Wohlfahrtsausschuß statt zu kämpfen. Während die bereits in ihren eigenen Widersprüchen gefangene Bergpartei noch zögerte, erzwangen die von ihren Bedürfnissen und ihrem Haß vorwärtsgetriebenen Volksmassen die großen Wohlfahrtsmaßnahmen, als erste am 23. August 1793 das Massenaufgebot*. Unter diesen Umständen erschien eine Revolutionsregierung noch dringender, um den Ansturm des Volkes in geregelte Bahnen zu lenken und das Bündnis mit der Bourgeoisie aufrechtzuerhalten, die allein die erforderlichen Kader stellen konnte. Auf dieser doppelten sozialen Basis, der Sansculotterie und der Montagnard- bzw. Jakobiner-Bourgeoisie, organisierte sich die Revolutionsregierung Schritt für Schritt von Juli bis Dezember 1793: ihre klarsichtigsten Führer wollten die revolutionäre Einheit des einstmaligen Dritten Standes, d. h. die nationale Einheit, um jeden Preis erhalten.

Zwei Probleme stellten sich im Verlauf des Jahres II. Das erste war politischer Natur: Wie konnte man das Verhalten der Sansculotten mit den Erfordernissen der revolutionären Diktatur und den Notwendigkeiten der nationalen Verteidigung vereinen? Anders gesagt: Wie war das Problem des Verhältnisses von Volksdemokratie und Revolutionsregierung zu lösen? Das zweite Problem war sozialer Natur: Wie sollten die Erwartungen und wirtschaftlichen Forderungen der Sansculotten mit den Ansprüchen der Bourgeoisie versöhnt werden, die das führende Element

---

* Rekrutierung und Bewaffnung aller Männer zwischen 16 und 50 Jahren zur Bekämpfung der Gefahr von außen und der Konterrevolution im Inneren.

der Revolution bleiben? Mit anderen Worten: Wie war das Problem des Verhältnisses von Volksmassen und besitzenden Klassen zu lösen? Lag es denn überhaupt in der Macht der Regierung, die dieser Koalition innewohnenden Widersprüche zu überwinden? Die der Nation drohende Gefahr brachte diese für einen Augenblick zum Verstummen. Allerdings war vorauszusehen, daß sie, wenn der Sieg einmal errungen war, erneut hervorbrechen würden.

Der Druck des Volks blieb unvermindert stark bis zum Herbst 1793. So trotzte es dem Konvent, der sich zunächst sträubte, und seinen ebenso zurückhaltenden Ausschüssen schließlich die großen revolutionären Maßnahmen ab: Am 5. September wird der Terror auf die *Tagesordnung* gesetzt und am 11. der nationale Getreidehöchstpreis (das *Maximum*) angenommen; das Gesetz über die Verdächtigen wird am 17. beschlossen, am 29. September wird schließlich das *allgemeine Maximum,* d. h. die Zwangswirtschaft eingeführt. Es war ein Sieg der Massen, aber auch ein Erfolg der Regierung: die Legalität ist gewahrt worden, die legale Schreckensherrschaft hat sich gegenüber der direkten Aktion durchgesetzt. Der Wohlfahrtsausschuß hat es verstanden, sowohl hart zu bleiben als auch beizeiten und in einem von ihm selbst gewählten Bereich nachzugeben; seine Autorität stieg dadurch. Die extreme Opposition im Volk wurde in Gestalt der Enragés ausgeschaltet, die Konventsopposition im Verlauf der großen Debatte vom 25. September zum Schweigen gebracht und die Entchristianisierung durch die feierliche Proklamation der freien Religionsausübung am 6. Dezember beendet.

Im gleichen Zeitraum bestätigte sich in Wattignies der republikanische Sieg über die Österreicher (16. Oktober) und in Le Mans über die Truppen der Vendée-Aufständischen (13.–14. Oktober). Am 10. Oktober 1793 hatte der Konvent auf Antrag von Saint-Just die Regierung Frankreichs für *revolutionär bis zum Frieden* erklärt; am 14. Frimaire II (4. Dezember 1793) nahm er die Verfassungsverordnung der Revolutionsregierung an. Die Logik der Ereignisse führte zur Wiederherstellung der Zentralisation, einer stabilen Verwaltungsorganisation und zur Stärkung der Regierungsautorität: dies waren notwendige Bedingungen für den Sieg, den der Wohlfahrtsausschuß beharrlich ansteuerte. Damit war auch der Aktionsfreiheit der Volksbewegung ein Ende gesetzt.

Der Wohlfahrtsausschuß, der den Erfordernissen der nationalen Verteidigung alles andere unterordnete, wollte den Forderungen der Massen, die der revolutionären Einheit geschadet hätten, nicht nachgeben. Ebensowenig wollte er sich auf das Verlangen der gemäßigten Bourgeoisie nach Beseitigung der für die Fortsetzung des Krieges unerläßlichen Zwangswirtschaft einlassen; er wehrte sich auch gegen die Aufhebung der Schreckensherrschaft, die ihm den Gehorsam aller sicherte. Allerdings war es fraglich, wie unter all diesen widersprüchlichen Anforderungen ein Ausgleich gefunden werden sollte.

Die Liquidierung der Enragés, die Beendigung der Entchristianisierung sowie die versteckten Angriffe gegen die Organisationen des Volkes, vor allem die Sektionsgesellschaften, dokumentieren im Herbst 1793 den Willen des Wohlfahrtsausschusses, sich gegenüber der Volksbewegung, der er bisher eher gefolgt war als daß er sie geleitet hätte, klarer abzusetzen.

Damit lieferte er sich aber dem Konvent aus und leistete der Offensive seiner Gegner in der Versammlung und in der Öffentlichkeit Vorschub. Danton hatte Robespierre nicht ohne Hintergedanken gegen die Befürworter der Entchristianisierung unterstützt: es galt, die Triebfedern der Revolutionsregierung zu lähmen. Die ›nachgiebige‹ Politik Dantons stand in allen Punkten im Gegensatz zu dem von Hébert und seinen Cordeliers*-Freunden unterstützten Programm der Volksbewegung: extremer Terror, verschärft durchgeführtes (Preis-)Maximum und Krieg bis zum Äußersten. Der Angriff der Regierung gegen die Entchristianisierung sowie die Milderung der Schreckensherrschaft in den Departements seit Januar 1794 waren Anzeichen dafür, daß der Wohlfahrtsausschuß die Extremisten zwar nicht ausschaltete (wie es die

---

* Gesellschaft der Freunde der Menschenrechte (ab April 1790).

Indulgents [die ›Nachgiebigen‹] forderten), wohl aber ihren Einfluß zunehmend abbauen wollte. Seine Versuche, die Demokratie in den Sektionen zu untergraben, entspricht dieser Linie. Auf diese Weise hätte er den Terror gemildert, ohne ihn als Mittel der Regierungsgewalt aufzugeben. Die Haltung der Regierung begünstigte die Offensive Dantons gegen das System der Schreckensherrschaft.
Der Kampf zwischen den Fraktionen brach aus, als sich die Lebensmittelkrise am Ende des Winters 1793/94 wieder schlagartig verschlimmerte. Auch die Lage in Paris nahm drohende Formen an: ein Ausbruch des Volkszorns schien nicht unwahrscheinlich. Zusammen mit der sozialen Misere ließ die politische Krise die Widersprüche des Systems aufbrechen: Die Folgen sollten für die Volksbewegung, die revolutionäre Regierung und am Ende für die Revolution selbst unwiderruflich sein.

Versammlung des Jakobinerklubs

Größe und Widersprüche der Republik des Jahres II

Gesellschaftliche Tendenzen und politische Praxis der Volksbewegung

Von Juni bis Winter 1793 hatte die Bewegung der Pariser Sansculotten die Konsolidierung der Revolutionsregierung und die Stabilisierung der jakobinischen Diktatur des Wohlfahrtsausschusses ermöglicht und zugleich einem widerspenstigen Konvent die Maßnahmen abgetrotzt, die das Los der Massen verbessern halfen.

Bei näherer Betrachtung der sozialen Zusammensetzung der politisch Aktiven in den Pariser Sektionen des Jahres II wie der Rolle des Faubourg Saint-Antoine im Verlauf der Revolution kann festgestellt werden, daß die revolutionäre Avantgarde keineswegs aus dem Fabrikproletariat stammte, sondern aus einer Koalition von kleineren Meistern und den mit ihnen arbeitenden und lebenden Gesellen bestand. Von daher erklären sich bestimmte Züge der Volksbewegung, spezifische Verhaltensweisen sowie die aus einer ambivalenten Situation entstehenden Widersprüche. Die Arbeitswelt ist insgesamt geprägt von der Mentalität der kleinen Handwerkerbourgeoisie, und wie diese ist sie charakterisiert durch die Mentalität der Bourgeoisie überhaupt. Die Arbeiter bildeten weder in ihrem Denken noch in ihrem Handeln ein unabhängiges Element. Zwischen dem Wert der Arbeit und dem Lohn stellten sie keine unmittelbare Beziehung her; dieser wurde vielmehr im Verhältnis zu den Lebensmittelpreisen bestimmt: die gesellschaftliche Funktion der Arbeit war noch nicht klar erfaßt.

Die Sansculotten des Jahres II haben sich im gesellschaftlichen Bereich nicht vorrangig um die Probleme der Produktion und der Arbeit gekümmert; ihre Interessen als Konsumenten standen für sie sehr viel stärker im Vordergrund. Sie verlangten die Festsetzung der Lebensmittelpreise, Forderungen nach höherem *Lohn* (tarif) blieben dagegen eine Ausnahme. Die Taxierung wurde von den Pariser Kämpfern deshalb so hartnäckig geltend gemacht, weil sie in ihren jeweiligen Sektionen nicht allein dem

Druck der Arbeiter, sondern in weit stärkerem Maße auch dem einer erheblichen Zahl von Bedürftigen ausgesetzt waren, die unter dem Hunger litten: Zu Beginn des Frühjahrs 1794 kommt auf etwa neun Einwohner von Paris ein Bedürftiger, der Unterstützung erhält, dagegen einer auf drei im Faubourg Saint-Antoine. Und wieviel weitere unglückliche Arme gibt es noch? Der Hunger bildet den Kitt, der derart unterschiedliche Gruppen wie den Handwerker, den kleinen Ladenbesitzer, den Gesellen und den Tagelöhner zusammenhält und sie unter einem gemeinsamen Interesse gegen den Großhändler, den Unternehmer, den adligen oder bürgerlichen Wucherer eine Koalition eingehen läßt.

Der Begriff *Sansculotterie* mag im Hinblick auf die neuere soziologische Terminologie vage erscheinen: für die gesellschaftlichen Bedingungen der Zeit entspricht er ganz klar der Realität. Gewiß sind andere Einflüsse auf das Verhalten der Volksmassen nicht auszuschließen: der Haß auf den Adel, der Glaube an ein aristokratisches Komplott, der Wille, die Privilegien zu zerstören und die wirkliche Gleichheit der Rechte zu etablieren. Und doch lassen sich diese letzten Endes alle auf die Forderung nach dem täglichen Brot zurückführen, mit der sich, bei vielen mehr oder weniger verworren, politische Momente verbanden. »Unter der Herrschaft von Robespierre«, so der Pariser Tischler Richer am 1. Prairial III (20. Mai 1795), »floß Blut, und uns fehlte kein Brot.« Das terroristische Verhalten ist unlöslich mit der sozialen Forderung verbunden.

Die gesellschaftlichen Vorstellungen und Erwartungen des Volkes gewannen im Verlauf der Kämpfe schärfere Konturen, die um ganz bestimmte Forderungen geführt wurden. So wurde 1793 das Getreidemaximum verlangt, um den Brotpreis mit den Löhnen in Übereinstimmung zu bringen, d. h. um den Sansculotten überhaupt eine Lebenschance zu lassen. Das Recht auf Leben wurde dabei als ein Druckargument verwandt. Die in der Praxis gestellte Forderung ging ihrer theoretischen Begründung voraus und brachte sie zugleich hervor; der Kampf wurde dadurch noch heftiger. Man sollte hier keinen strengen Zusammenhang suchen. Die Gleichheitsidee (Egalitarismus) bildet das wesentliche Merkmal: Die Lebensbedingungen müssen für alle gleich sein. Dem Ungleichheit erzeugenden schrankenlosen Eigentumsrecht stellen die Sansculotten den Grundsatz des *gleichen Genusses aller Güter* entgegen. Von daher wurde es ganz zwangsläufig zur Kritik an der freien Ausübung des Eigentumrechts geführt. Das Eigentumsrecht als solches wird zu keiner Zeit infrage gestellt: als unabhängige Kleinproduzenten gründen die Sansculotten dieses Recht auf persönliche Arbeit.

Gegen die Reichen und ›Dicken‹ kämpfen die Sansculotten. Am 2. September 1793, auf dem Höhepunkt der Agitation der Volksmassen, verlangt die Sektion Sans-Culottes (ehemals Jardin des Plantes) vom Konvent, nicht nur »die Profite der Industrie und die Gewinne des Handels« durch die allgemeine Taxierung festzusetzen, sondern auch ein Maximum für die Vermögen festzulegen, »damit dieselbe Person nur ein *Maximum* besitzt«. Wie könnte es bestimmt werden? Es sollte dem kleinen Eigentum der Handwerker und Krämer entsprechen: »Daß jeder nur eine Werkstatt, nur einen Laden besitzen darf.« Diese radikalen Maßnahmen »würden nach und nach die große Ungleichheit zwischen den Vermögen beseitigen und die Zahl der Besitzenden erhöhen«. Zu keinem anderen Zeitpunkt während der Revolution finden wir eine klarere Formulierung der gesellschaftlichen Idealvorstellungen des Volkes: ein Ideal nach dem Bilde der Handwerker und kleinen Ladenbesitzer, die die Kader der Sansculotterie stellten. Ein Ideal auch nach dem Maßstab der städtischen Konsumenten und Kleinproduzenten, die den Einzel- und Zwischenhändlern auf dem Lebensmittelmarkt ebenso feindlich gegenüberstanden wie den Unternehmern, deren kapitalistische Initiativen sie auf den Status abhängiger Lohnarbeiter einzuschränken drohten. Ein Ideal schließlich, das in seinem Bestreben, die Folgen des Privateigentums zu begrenzen, ohne dieses selbst abzuschaffen, in grundlegendem Gegensatz zu dem der Bourgeoisie stand, die die Revolution führte.

Die politischen Vorstellungen der Sansculotten stimmten ebensowenig mit denen der Bourgeoisie überein. Die Souveränität gründet im Volk: aus diesem Prinzip läßt sich das gesamte politische Verhalten der Kämpfer aus dem Volk ableiten. Souveränität des Volkes: das war für sie keine Abstraktion, sondern die konkrete Wirklichkeit des in seinen Sektionsversammlungen zusammenkommenden und seine Rechte umfassend ausübenden Volkes. Die Bewußtesten unter ihnen zielten auf eine direkte Demokratie. In Fragen der Gesetzgebung forderten und praktizierten sie auch die Anwendung der Gesetze durch das Volk. Da sie dem Repräsentativsystem mißtrauten, machten sie die Kontrolle und Abrufbarkeit der gewählten Vertreter geltend. Als gesetzgebender Souverän ist das Volk zugleich richtender Souverän: während der September-Massaker von 1792 hatten sich Volkstribunale konstituiert. Ein wesentliches Merkmal der Souveränität bildete weiterhin die Macht der Waffen: Das Volk kann nur bewaffnet sein. Die Entwaffnung der Kämpfer in den Sektionen im Jahre III kennzeichnet deren politisches Scheitern. Das in Waffen stehende und die volle Ausübung seiner Rechte im *Aufstand* ertrotzende Volk ist die höchste Anwendung des Prinzips der Volkssouveränität. Hat das Volk einmal im Aufstand die Allmacht des Souveräns demonstriert, überträgt es die Ausübung der Souveränität wieder seinen Mandatsträgern, die erneut mit dem Vertrauen ausgestattet werden: so geschah es am 2. Juni 1793.

Der organisatorische Aufbau der Sektionen verlieh diesen Bestrebungen eine außergewöhnliche Wirksamkeit. Die ebenso anpassungsfähige wie schlagkräftige Organisation der Bewegung der Pariser Massen hatten die Kämpfer der Sansculotterie dadurch schaffen können, daß sie die von der Verfassunggebenden Versammlung ins Leben gerufenen städtischen Institutionen und die dem Konvent abgetrotzten revolutionären Ausschüsse einsetzten;

vor allem aber dadurch, daß sie mit den *Sektionsgesellschaften* vom Herbst 1793 ein Instrument entwickelt hatten, das den Bedürfnissen und Erfordernissen der Volksbewegung genau entsprach. Diese Organisation, die ihre Tauglichkeit im Kampf gegen die Gemäßigten zwischen Frühling und Herbst 1793 erwies, erleichterte wesentlich die Einsetzung der Revolutionsregierung.
Von Juli 1792 bis September 1793 bildete die *Permanenz der Sektionen* (die Vollversammlung trat jeden Tag um 5 Uhr zusammen) einen der Grundsteine dieses politischen Systems. Durch den Erlaß vom 9. September, der die Sitzungen zunächst auf zwei pro Woche, dann auf zwei pro Dekade beschränkte, wurde sie abgeschafft. Auf dem Umweg über die Sektionsgesellschaften, die nun die Permanenz und Kontinuität sicherten, wurde sie jedoch wieder eingeführt. Im Winter des Jahres II versuchten diese Gesellschaften, die Funktion der Vollversammlungen zu übernehmen und diese auf ein bloßes Melde- und Registrierorgan einzuschränken. Unter allen Institutionen der Sektionen symbolisieren jedoch die *revolutionären Ausschüsse* am besten die Macht des Volkes.
Nach dem 10. August 1792 waren sie in verschiedenen Pariser Sektionen spontan aufgetaucht und nahmen während der März-Krise 1793 rasch zu. Der Konvent legalisierte sie am 21. März. Ihre zunächst begrenzte Zuständigkeit wurde bald erweitert. Durch das Gesetz über die Verdächtigen vom 17. September 1793 wurden die Befugnisse, die sie sich faktisch schon angeeignet hatten, sanktioniert: in jeder Gemeinde oder Gemeindesektion erstellten sie eine Liste der Verdächtigen und erließen Haftbefehle. Die sehr weitgehende Definition des *Verdachtes* durch die Pariser Kommune erweiterte noch die Vollmachten: Den Ausschüssen, die sich der Aufsicht sowohl der Vollversammlungen als auch nach und nach der Stadtverwaltung entzogen, gelang es, das gesamte Sektionsleben unter ihre Kontrolle zu bekommen.
Die Pariser Sektionen, die über die bewaffnete Macht verfügten und ihre Offiziere ernannten, sich selbst verwalteten und ihre Magistrate und Ausschüsse wählten, bildeten damit innerhalb der Hauptstadt autonome Organismen. Die fehlende Zentralinstitution ersetzten sie in normalen Zeiten durch *Korrespondenz,* in Krisenzeiten durch *Fraternisierung:* auf diese Weise verdoppelten sie die Pariser Stadtbehörden. Freilich war es eine nicht ungefährliche Organisation: sie drohte sich nämlich dem Einfluß der Regierungsausschüsse zu entziehen und das soziale Gleichgewicht, auf dem die Revolutionsregierung gründete, zugunsten der Sansculotterie zu zerstören.

Revolutionsregierung und Jakobiner-Diktatur

Die Revolutionsregierung hatte indessen im Verlauf des Sommers 1793 an Stärke gewonnen und sich schließlich durch die Verordnung vom 14. Frimaire II (4. Dezember 1793) auf der Basis von Prinzipien konstituiert, die weitab von denen der Volksdemokratie lagen.

Die Theorie der Revolutionsregierung ist niedergelegt in Saint-Justs Bericht vom 10. Oktober 1793 sowie in den beiden Reden Robespierres *Über die Grundsätze der Revolutionsregierung* (25. Dezember 1793) und *Über die Grundsätze der politischen Moral, die den Konvent leiten sollen* (5. Februar 1794). Zunächst fällt auf, daß in keinem dieser Entwürfe das Prinzip der Volkssouveränität Erwähnung findet. Diese konzentriert sich vielmehr im Konvent, »dem einzigen Zentrum, von dem die Arbeit der Regierung beeinflußt wird«. Die Ausschüsse regieren unter seiner Kontrolle. Faktisch üben nur zwei wirkliche Macht aus: der Wohlfahrtsausschuß »im Zentrum der Exekutive«, der »sich die Leitung der Regierung vorbehält, indem er dem Nationalkonvent die wichtigen Maßnahmen vorschlägt«, und der Allgemeine Sicherheitsausschuß, unter dessen »Aufsicht alle Angelegenheiten, die die Personen und die allgemeine Polizei betreffen«, gestellt sind.

Die Revolutionsregierung ist eine Kriegsregierung: »Die Revolution ist der Krieg der Freiheit gegen ihre Feinde.« Ihr Zweck ist die Gründung der Republik: nach dem Sieg wird man zur konstitutionellen Regierung zurückkehren, »der Herrschaft der siegreichen und friedlichen Freiheit«. Da sie Krieg führt, muß »die Revolutionsregierung außergewöhnlich aktiv sein«, sie muß »wie der Blitz handeln«. »Krieg und Frieden, Gesundheit und Krankheit können nicht demselben System untergeordnet werden.« Die Regierung verfügt demzufolge über die *Zwangsgewalt,* d. h. den Terror. »Ist die Gewalt denn nur da, um das Verbrechen zu schützen?« Die Revolutionsregierung schuldet »den Feinden nur den Tod«. Doch steht der Terror ausschließlich im Dienst der Republik: die *Tugend,* »fundamentales Prinzip der demokratischen oder Volksregierung«, bildet die Garantie, daß die Revolutionsregierung nicht zum Despotismus wird. Die Tugend, das ist nach Robespierre »die Liebe zum Vaterland und zu seinen Gesetzen«, »die hochherzige Hingabe, mit der alle Privatinteressen im allgemeinen Interesse aufgehen«.

Der Terror ist ein nationales und revolutionäres Abwehrmittel. Er bringt angesichts des immer wieder aufflackernden aristokratischen Komplotts die Abwehrreaktion und den Bestrafungswillen des Dritten Standes zum Ausdruck, allerdings vom Gesetz in Schranken gehalten und von der Regierung kontrolliert. (Das Gesetz über den Großen Schrecken vom 22. Prairial II bleibt unverständlich, wenn man von den Mordversuchen an Collot d'Herbois und Robespierre absieht.) Dies wird durch die statistischen Untersuchungen des amerikanischen Historikers Donald Greer bestätigt. Die Schreckensherrschaft hat nur dort gewütet, wo die Konterrevolution mit Waffengewalt und durch offenen Verrat vordringt: wurden in Paris nur 15% der Todesurteile ausgesprochen, so waren es 71% in den beiden Hauptregionen des Bürgerkrieges, nämlich 19% im Südosten und 52% im Westen. Die Urteilsbegründungen entsprechen dieser regionalen Verteilung: in 72% der Fälle war es Rebellion. Man wird dagegen zweifellos die soziale Zusammensetzung der Verurteilten ins Feld führen: gehörten nicht 85% dem Dritten Stand an, aber nur 8,5% dem Adel und 6,5% dem Klerus? »In einem solchen Kampf«, bemerkt Georges Lefebvre, »wird den Überläufern weniger Nachsicht gewährt als den ursprünglichen Gegnern«.

Wie der Bürgerkrieg, so schied auch der Terror, der nur eine seiner Ausprägungen war, diejenigen Elemente aus der Nation aus, die entweder Aristokraten waren oder doch deren Schicksal zu dem ihren gemacht hatten und dadurch nach dem Urteil der anderen nicht mehr in die Gesellschaft eingegliedert werden konnten. In einem anderen Sinn trug der Terror zur Entwicklung des Gefühls nationaler Solidarität bei, indem er vorübergehend die Klassenegoismen zum Schweigen brachte und allen die für das öffentliche Wohl notwendigen Opfer auferlegte.

Der revolutionäre Apparat hat sich perfektioniert, allerdings zum ausschließlichen Vorteil der Regierung. Ihren Grundpfeiler bildet die Muttergesellschaft des Jakobinerklubs, die nach und nach die eigenständige Rolle der Organisationen des Volkes einschränkt. Die Jakobiner entstammen den bürgerlichen Mittelschichten, sind häufig Käufer von Nationalgütern und als solche Mitglieder des Widerstandes: angesichts all der Gefahren wollen sie die politischen und sozialen Errungenschaften von *Neunundachtzig* retten; zu diesem Zweck sind sie das Bündnis mit dem Volk der Sansculotten eingegangen. Obwohl sie für den Wirtschaftsliberalismus eintreten, haben sie die Reglementierung und Taxierung akzeptiert: als eine Kriegsmaßnahme und als Konzession an die Forderungen des Volkes. Ihre Rekrutierungsbasis demokratisiert sich zwar geringfügig im Laufe der Revolution und der aufeinanderfolgenden Säuberungen, wahrt aber im wesentlichen den Vorrang der mittleren Bourgeoisie.

In den Jahren 1793 und 1794 wird die Republik mit einem dichten und wirkungsvollen Netz von Filialen des Jakobinerklubs überzogen, deren Gesamtzahl schwierig abzuschätzen ist. Im Südosten, der vorübergehend von der Konterrevolution bedroht war, scheint die Zahl besonders groß gewesen zu sein: im Vaucluse kamen auf 154 Gemeinden 139 derartige Volksgesellschaften, im Drôme 258 auf 355 Gemeinden, in den Basses-Alpes 117 auf 260. Bei der Niederwerfung des inneren Feindes und der Errichtung revolutionärer Institutionen spielten diese patriotischen Organisationen eine herausragende Rolle.

Das Jakobinertum, das die Theorie und Praxis der Revolutionsregierung kennzeichnete, definiert sich ebenso durch eine dem Rousseauismus entlehnte Ideologie wie durch eine eigenständige politische Haltung und Technik. Man hat von Religion oder Mystik gesprochen: dabei waren die Jakobiner ganz einfach der Überzeugung, daß Freiheit und Gleichheit die Wesensmerkmale einer rational begriffenen Gesellschaft seien. Fanatismus? Die Unbeugsamkeit ihrer Haltung und ihr Dogmatismus entsprachen dem Umfang der Gefahr und der Notwendigkeit von Disziplin angesichts eines unversöhnlichen Feindes. Die Jakobiner waren geprägt von dem Gefühl – das sie jedoch

niemals deutlich ausgesprochen haben –, daß die Demokratie gelenkt werden müsse, daß man sich auf die revolutionäre Spontaneität der Massen nicht verlassen könne. Das Volk will das Gute, hat Robespierre gesagt, nur sieht es das nicht immer. Die Jakobiner meinten somit, daß es notwendig sei, das Volk aufzuklären und praktisch zu führen. Hieraus resultierte eine politische Technik, deren Mechanismus jedoch schon bald – allerdings gegen einigen Widerstand – abgebaut wurde.
Die Jakobiner haben die Praxis der eingeschränkten Ausschüsse geregelt, die Doktrin festgelegt und die politische Linie durch konkrete Losungen genau abgesteckt. Die Wahl wird über die Säuberung und deren notwendiges Pendant, die Zellenbildung, korrigiert: ist die Auswahl einmal durch die *Säuberungsabstimmung* begrenzt, die den Mitgliedern ein Urteil darüber zu treffen erlaubt, ob die Kandidaten fähig sind, ihr Mandat zu erfüllen, wird den Wählern dann alle Freiheit gelassen, selbst zu entscheiden. Die Bürger sind von dem Netz der Tochterorganisationen überzogen, die von der Mutter-Gesellschaft, »als einzigem Zentrum der öffentlichen Meinung« ihre Impulse erhalten (ebenso wie der Wohlfahrtsausschuß das Handeln der Regierung bestimmt). Dennoch entwickelten die Jakobiner diese Ansätze nicht konsequent weiter: sie gründeten Klubs, bildeten aber keine Partei; vor allem blieben sie einer parlamentarischen Versammlung untergeordnet, die gleichsam zufällig gewählt worden war. Babeuf überschritt diese Schwelle, und gewiß hat Lenin von ihm – vermittelt über Blanqui – gelernt.
Die unter dem Druck der Massen im Herbst 1793 eingeführte Zwangswirtschaft entsprach nach Ansicht der Regierenden weniger einer theoretischen Vorstellung von sozialer Organisation als vielmehr den Erfordernissen der nationalen Verteidigung: die Männer des Massenaufgebots mußten ernährt, ausgerüstet und bewaffnet werden; die Bevölkerung der Städte war mit Nahrungsmitteln zu versorgen, während zugleich der Außenhandel durch die Blockade stillgelegt war und Frankreich einer belagerten Festung glich. Die Beschlagnahme *(réquisition)* erstreckte sich auf alle materiellen Ressourcen des Landes und

schränkte damit zwangsläufig die Unternehmensfreiheit ein. Die *Taxierung* bildete die notwendige Ergänzung der behördlichen Erfassung und Beschlagnahme und war durch Gesetz vom 29. September 1793 erweitert worden; sie schrieb Gewinnspannen vor (5% für den Großhändler, 10% für den Einzelhändler), womit das Spekulationsinteresse gebremst und die Freiheit des Profits beschnitten wurde. Die *Nationalisierung* wirkte sich in unterschiedlichem Maße auf die Produktion aus, betraf aber vor allem die Waffenindustrie und die Kriegsproduktion sowie den Außenhandel; diesen aber vorwiegend im Zusammenhang mit dem militärischen Bedarf, da der Wohlfahrtsausschuß darauf verzichtet hatte, die Ernährung der Zivilbevölkerung ebenfalls zu nationalisieren.

Züge einer sozialen Demokratie zeichneten sich dennoch ab. Montagnards und Jakobiner sahen die Integration der Volksmassen in die bürgerliche Nation allein dadurch vor, daß diesen der Zugang zum Eigentum, wie es *Neunundachtzig* definiert worden war, erleichtert werden sollte. Es war keine Rede mehr davon, das Eigentumsrecht dem Recht auf Leben unterzuordnen oder es als »eine vom Gesetz garantierte soziale Institution« zu definieren, wie es noch Robespierre in seinem Entwurf für eine Erklärung der Rechte am 24. April 1793 nahegelegt hatte. Die Bergpartei gab aber schließlich den Forderungen der Bauern nach und beschloß am 17. Juli 1793 die endgültige und entschädigungslose Abschaffung aller grundherrlichen Rechte. Das Gesetz vom 22. Oktober 1793 verbot den Grundbesitzern, von den Pächtern und Halbpächtern irgendwelche Ersatzleistungen zu fordern (doch in welchem Umfang wurde es wirklich angewendet?).

Während sich diese Übertragung der Nutzungsrechte vollzog, beschleunigte sich auch die des Eigentums. Die seit dem 9. Februar 1792 beschlagnahmten Güter der Emigranten wurden am 27. Juli desselben Jahres zum Verkauf angeboten und sollten (gemäß der Verordnung vom 3. Juni 1793) in kleinen Parzellen von je 80 bis 150 Ar angeboten werden, zahlbar im Verlauf von 10 Jahren (die Frist wurde durch die Verordnung vom 13. September auf 20 Jahre erweitert). Am 10. Juni wurde durch eine Verordnung die Aufteilung der Gemeindegüter genehmigt, sofern dies von einem Drittel der Einwohnerversammlung gewünscht wurde. Höhepunkt dieser Politik, deren Ziel die Schaffung einer Nation von kleinen Eigentümern war, bildeten die Gesetze vom 8. und 13. Ventôse II (26. Februar und 3. März 1794), denen zufolge die Güter der Verdächtigen eingezogen und den *bedürftigen Patrioten* übertragen wurden. (»Wer sich als Feind seines Landes erweist, darf darin kein Eigentümer sein«, sagte Saint-Just). Es

handelt sich hier nicht, wie Albert Mathiez meint, um das »Programm einer neuen Revolution«, sondern um eine soziale und politische Maßnahme, die sich in den Rahmen der bürgerlichen Revolution einfügt: Die Konfiszierung war nie etwas anderes als ein Kampfmittel gegen die Aristokratie, und der Zugang zum Eigentum nichts anderes als ein Instrument sozialer Konsolidierung.
Als grundsätzlichen Befürwortern der Wirtschaftsfreiheit widerstrebte es den Robespierristen wie auch den Montagnards, in die Agrarprobleme einzugreifen: sie stellten sich taub gegenüber den Forderungen der ländlichen Sansculotten und sahen zu keinem Zeitpunkt eine Reform des Pachtwesens oder die Aufteilung der großen Pachtgüter in kleine Hofbetriebe vor. Die gleiche Mischung aus Mut und Zaghaftigkeit zeichnet auch den Versuch einer neuen Sozialgesetzgebung aus: Das Recht auf Unterstützung wurde durch das Gesetz vom 2. Floréal II (11. Mai 1794) verankert; in jedem Département war danach ein *Buch der nationalen Wohlfahrt* auszulegen. Freilich betraf es nur die Landbevölkerung: jährliche Unterhaltszahlungen für Alte und Kranke, Beihilfen für Mütter und Witwen mit Kindern und kostenlose medizinische Betreuung zuhause – diese Maßnahmen bilden den Ansatz einer Sozialversicherung.

»Möge Europa lernen, daß ihr weder einen Unglücklichen noch einen Unterdrücker auf dem Territorium Frankreichs wünscht«, hatte Saint-Just am 13. Ventôse erklärt. »Das Glück ist eine neue Idee in Europa.«

Die unerreichbare egalitäre Republik

*Stillstand und Niedergang der Volksbewegung
(Frühjahr 1794)*

Zum Ende des Winters im Jahre II traten die Entwicklungslinien, die sich schon seit der Errichtung der Revolutionsregierung abgezeichnet hatten, noch schärfer hervor. Während die Taxierung, Reglementierung und die Lenkung der Wirtschaft, die von den Sansculotten gefordert und von den Besitzenden bekämpft worden waren, mit Mühe und Not (abgesehen vom Brot) die Versorgung der Pariser Bevölkerung aufrechterhalten konnten, zwangen die Erfordernisse der nationalen Verteidigung sowie die bürgerliche Konzeption politischer Gewalt die Revolutionsregierung mehr und mehr dazu, sich des passiven Gehorsams der Volksorganisationen zu versichern und die Demokratie der Sansculotten auf das jakobinische Maß zurückzuschrauben. So offenbart sich zu Beginn des Ventôse [Februar/März] eine sowohl soziale wie politische Misere, die sich auf die materielle Existenz wie das revolutionäre Verhalten der Sansculotterie auswirkt. Vor diesem krisenhaften Hintergrund verschärft sich die Opposition zwischen den *Gemäßigten* und den *entschiedenen Patrioten*. Das Zusammentreffen der fortgeschrittenen Opposition mit der Unzufriedenheit des Volkes bildete für die Regierung eine schwere Bedrohung: Die Ventôse-Verordnungen waren der Versuch, die Meinung der Sansculotten wieder für sich einzunehmen. Das Manöver scheiterte: Die Ventôse-Gesetze hatten nicht den psychologischen Schock zur Folge, der die Lösung der politischen Krise dadurch ermöglicht hätte, daß sich die Sansculotterie wieder mit der Revolutionsregierung verbündete.
Für die *entschiedenen Patrioten* und an ihrer Spitze die Cordeliers schien der Augenblick günstig für eine Aktion, die sie von den Gemäßigten befreien und sich selbst den Regierungsausschüssen und dem Konvent als Sieger präsentieren sollte. Jedoch schlugen die Führer der Corde-

liers alle Lehren aus den vorangegangenen Revolutionstagen in den Wind und kümmerten sich weder um die Organisation ihrer Bewegung noch um eine Festigung ihrer Beziehung zu den Massen, die ohnehin vom Lebensmittelmangel betroffen und für die Gefahr bedeutende ›gemäßigte Haltung‹ nicht besonders empfänglich waren. [Der ›Moderantismus‹ forderte die Einschränkung der kriegsnotwendigen Zwangswirtschaft und die Begrenzung der Schreckensherrschaft.] Am 14. Ventôse II (4. März 1794) verkündeten die Cordeliers die Notwendigkeit eines *heiligen Aufstandes*: damit meinten sie wahrscheinlich einfach eine große Massendemonstration. Der Aufruf wurde nicht befolgt. Dagegen gab dieser Versuch der Revolutionsregierung endlich Gelegenheit, sich aus ihrer Unfähigkeit zu lösen: sie entledigte sich der doppelten Opposition, indem sie zunächst die Cordeliers liquidierte (24. März 1794), um dann am 5. April auch die Indulgents [politische Gruppierung; die ›Nachsichtigen‹] auf die Guillotine zu schicken.

Dieses Drama im Germinal war entscheidend. Die Entwicklung überstürzte sich. Den Sansculotten, die zusehen mußten, wie *Le Père Duchesne* und die Cordeliers, denen sie stets aufmerksam gelauscht und die ihre Wünsche und Erwartungen zum Ausdruck gebracht hatten, verurteilt wurden, kamen nun Zweifel an der Revolutionsregierung. Also war auch Danton vergeblich hingerichtet worden. Die Repression, die auf die großen Prozesse vom Germinal des Jahres II folgte, ließ trotz ihres begrenzten Charakters bei den Kämpfern einen Angstkomplex entstehen, der das politische Leben in den Sektionen lähmte. Der direkte und brüderliche Kontakt zwischen der revolutionären Führung und den Sansculotten der Sektionen war abgebrochen.

Nach ihrem Sieg unternahm die Revolutionsregierung umfangreiche Anstrengungen zur Neuordnung der Institutionen und zur Vereinheitlichung der politischen Kräfte. Zwar hatten sie angesichts der drohenden Gefahr dem Bündnis mit der Sansculotterie zugestimmt, doch weder deren soziale Ziele noch deren politische Methoden gutgeheißen. So wurden die revolutionäre Armee nach Hause geschickt (27. März 1794), die Kommissare gegen den Wucher abgeschafft (1. April) und die Kommune von Paris gesäubert. Für die Volksbewegung war jedoch die wiederaufgenommene Regierungsoffensive gegen die Sektionsgesellschaften noch schwerwiegender. In seiner Rede vom 15. Mai 1794 forderte Couthon eine *einheitliche öffentliche Meinung*: alle Patrioten sollten sich bei den Jakobinern konzentrieren; Collot d'Herbois unterstrich einmal mehr die Unvereinbarkeit der Sansculotten-Demokratie mit den Notwendigkeiten der Revolutionsregierung: die Sektionsgesellschaften wollten »aus jeder Sektion eine kleine Republik machen«. Vom Germinal bis zum Prairial wurden unter dem Druck der Jakobiner und der Regierung 39 Gesellschaften aufgelöst: in der Mehrzahl (29 von 39) waren dies Gesellschaften neueren Datums, die hauptsächlich aus *Patrioten von 93*, dem sogenannten *neuen Geschlecht* (nouvelle couvée) bestanden, im Gegensatz zu den *Patrioten von 89*. Indem die Regierungsausschüsse sie zwangsweise auflösen ließen, zerbrachen sie das äußere Gerüst der Volksbewegung.

Vom Germinal bis zum Messidor wurde die Zentralisation verstärkt fortgesetzt: dies geschah durch die Abschaffung von sechs Ministerien aus dem provisorischen Vollzugsrat und deren Ersetzung am 1. April 1794 durch zwölf *Exekutivkommissionen,* die dem Wohlfahrtsausschuß unterstellt waren; ferner durch die Zurückberufung der Konventskommissare am 19. April, denn der Ausschuß zog es vor, seine eigenen Beauftragten einzusetzen. Die Terrormaßnahmen wurden durch das Gesetz vom 22. Prairial II (10. Juni 1794) beschleunigt: »Es geht weniger um die Bestrafung der Feinde der Revolution«, erklärte Couthon, »als um deren Vernichtung.« Die gesäuberten Verwaltungsbehörden gehorchten, der Konvent stimmte ohne Diskussion ab. Doch was die Regierung an *Zwangsgewalt* gewann, verlor sie an Vertrauen: ihre soziale Basis verengte sich gefährlich.

Die Dokumente vom Frühjahr 1794 bestätigen den Zerfall der Volksorganisationen. Probleme allgemeiner politischer Natur werden, sofern sie überhaupt auf der Tagesordnung erscheinen, von den Sektionsversammlungen

nicht mehr diskutiert, sondern nur noch mithilfe von Glückwunschadressen und Loyalitätsbekundungen beantwortet: So etwa hinsichtlich der Verkündung des Kultes des höchsten Wesens durch das Gesetz vom 18. Floreal II (7. Mai 1794). Zwar lassen die Mordversuche an Robespierre und Collot d'Herbois die Flamme des Terrors noch einmal auflodern, doch fallen die Versammlungen bald wieder in ihren alten monotonen Trott zurück. Weder der Sieg von Fleurus (26. Juni 1794) noch der Jahrestag der Einnahme der Bastille (26. Messidor) vermögen den Enthusiasmus wieder zu wecken. Unter dem Deckmantel einer künstlichen Einheit werden die von bürokratisierten Revolutionsausschüssen kurz gehaltenen Sektionen allmählich von Gleichgültigkeit und Feindseligkeit zersetzt. Saint-Just schreibt: »Die Revolution ist eingefroren.«
Die Regierungsausschüsse hatten sich, nachdem die Volksbewegung gezähmt war, von der ständigen Furcht vor einem Aufstand befreit: doch ließen sie zugleich auch dem Konvent mehr Handlungsspielraum und gaben damit ein Druckmittel auf. Da der Sieg nun gesichert schien, stellte sich die Frage, aus welchem Grund der Konvent die Bevormundung weiterhin ertragen sollte. Zwischen dem unter seinem Joch unruhig werdenden Konvent und der nun endgültig verfeindeten Sansculotterie schwebte die Revolutionsregierung gleichsam im Leeren.

Der Fall der Revolutionsregierung und das Ende der Volksbewegung (Thermidor des Jahres II – Prairial des Jahres III)

In den ersten Tagen des Thermidor nahm die Auflösung der Montagnards im Konvent beschleunigt ihren Lauf. Die alten Anhänger Dantons konnten dem Wohlfahrtsausschuß die Zurückberufung der Konventsbeauftragten nicht verzeihen. Ihre Anstrengungen wären vergeblich gewesen, wenn die Regierungsausschüsse selbst Einigkeit demonstriert hätten. Doch der schon alte Zwist zwischen den beiden Ausschüssen überwog. Außer Lebas und David waren die Mitglieder des Allgemeinen Sicherheitsaus-

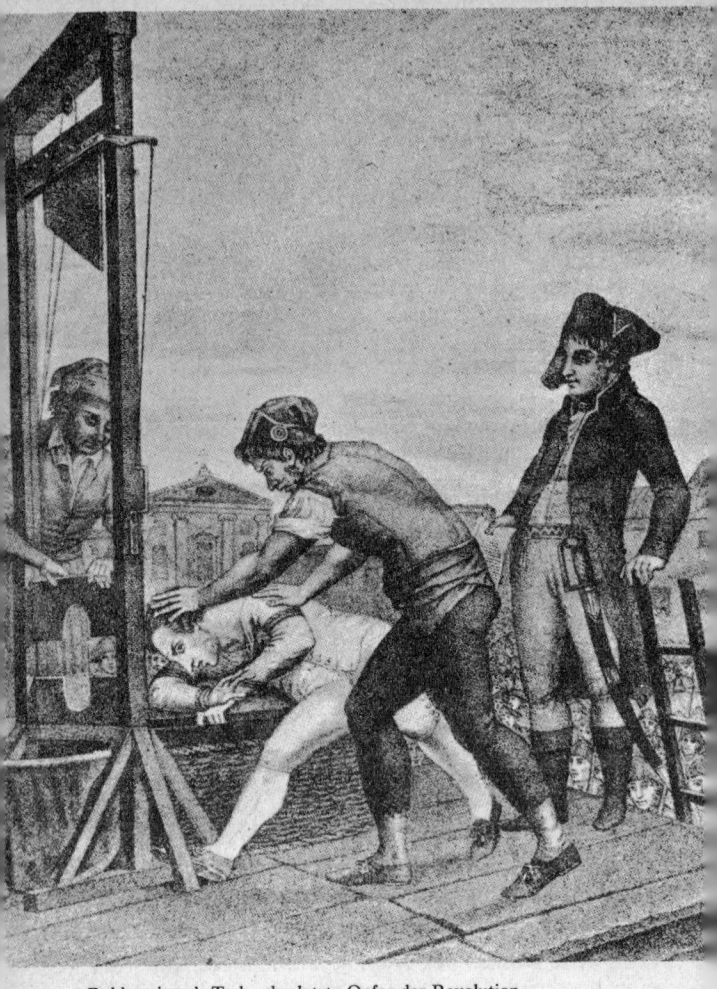

Robbespierre's Tod – das letzte Opfer der Revolution
Stich von James Idnapila

schusses dem Wohlfahrtsausschuß und vornehmlich Robespierre aus persönlichen wie prinzipiellen Gründen feindlich gesonnen. Die Abgrenzung der jeweiligen Befugnisse war nie sehr genau vorgenommen worden: die allgemeine Polizei beispielsweise stellte seit der Gründung eines gegenüber dem Wohlfahrtsausschuß weisungsgebundenen Polizeibüros im Florial einen derartigen Konfliktfall dar.

Die Feindseligkeit des Allgemeinen Sicherheitsausschusses hätte allerdings leicht neutralisiert werden können, wenn wiederum der Wohlfahrtsausschuß nicht noch in sich gespalten gewesen wäre: eine Auswirkung nicht allein der Sozialpolitik und der Anwendung der Ventôse-Gesetze, wie Albert Mathiez unterstreicht, sondern wohl ebenso eine Frage von Kompetenzstreitigkeiten, von politischen Querelen und gegensätzlichen Temperamenten, wie Georges Lefebvre betont. Trotz des Versuchs einer Aussöhnung beider Ausschüsse während der Plenarsitzungen vom 4. und 5. Thermidor (22. und 23. Juli 1794) entschloß sich Robespierre, den Konflikt vor den Konvent zu bringen: Das hieß, diesen zum Richter über den Fortbestand der Revolutionsregierung gerade zu einem Zeitpunkt zu machen, da der Sieg sich klar abzeichnete und die Gefahr eines weiteren Drucks von seiten der Volksmassen gebannt schien.

Robespierre nahm dieses Risiko ungeschützt auf sich. Nichts wurde unternommen, um die Kommune und die Sektionen für den Fall vorzubereiten, daß der Konvent sich weigern sollte, der Gruppe um Robespierre zu folgen. Im Gegenteil: in einer sich bedrohlich zuspitzenden politischen Atmosphäre, in völliger Blindheit gegenüber der sozialen Not und taub für die Forderungen der Massen, verkündete die auf Robespierres Seite stehende Kommune von Paris das Lohnmaximum (5. Thermidor): dies bedeutete für viele eine beträchtliche Zwangseinbuße (so etwa für einen Zimmermann von 8 Livres auf 3 Livres 15 Sous), die die Kluft zwischen der Revolutionsregierung und den Kämpfern in den Sektionen, zwischen der Kommune und der Masse des Volkes noch breiter werden ließ.

Die Machtprobe am 9. Thermidor II (27. Juli 1794) demonstrierte die Wirksamkeit der Regierungszentralisation. Nur zehn revolutionäre Sektionsausschüsse sprachen sich für die aufständische Kommune aus und blieben über einen längeren Zeitraum standhaft, um sich am Ende doch bloßzustellen: zwölf zögerten; achtzehn gingen sofort zum Konvent über. In den Vollversammlungen folgte nur eine Minderheit von Kämpfern den Aufrufen zum Aufstand. Der revolutionären Praxis, auf welche die Kommune ihre Hoffnungen gesetzt hatte, war eine Niederlage bereitet worden, und zwar durch den Regierungsapparat der Diktatur, der sich am Ende gegen diejenigen kehrte, die ihn einst so tatkräftig mit geschaffen hatten: die sich auf die Jakobiner stützende Gruppe um Robespierre. Statt wie in den vorangegangenen denkwürdigen Tagen bildeten die Sektionsbehörden nicht mehr Kader des Aufstandes, sondern in der Mehrzahl der Fälle bloße Übermittlungsorgane der Regierungsanordnungen.

Mit dem Fall Robespierres waren auch die Tage der Revolutionsregierung gezählt. Bereits im Sommer 1794 wurde sie entmachtet; insbesondere durch das Gesetz vom 7. Fructidor II (24. August 1794), das der Regierungskonzentration ein Ende bereitete. Es enthielt den Verzicht auf den Terror, und so verschwand mit den anderen revolutionären Mitteln auch die *Zwangsgewalt*; die Gefängnisse öffneten sich. Im Brumaire III wurde der Jakobinerklub aufgelöst (13. November 1794). Der weiße Terror sollte sich alsbald frei entfalten können. Der Verzicht auf die Zwangswirtschaft stimmte mit der thermidorianischen Linie überein: Die Verordnung vom 4. Nivôse III (24. Dezember 1794) brachte die Aufhebung des allgemeinen Maximums sowie die Abkehr von der gelenkten Wirtschaft. Die Assignate brach zusammen, die Preise erreichten schwindelerregende Höhen: im April 1795 stieg der allgemeine Preisindex – bezogen auf das Jahr 1790 – auf 758, jener der Lebensmittel allein auf 819.

In diesem Sinne war der 9. Thermidor für die Sansculotten allerdings ein Tag der Geprellten. In ihrer Unzufriedenheit mit der Revolutionsregierung hatten sie nicht die Gefahr gewittert, die deren Fall für sie bringen mußte. Zehn Monate später, als sie nach der Teuerung, der Hungersnot und den Strapazen eines ungewöhnlichen Winters am Ende ihrer Kraft angelangt waren, forderten die Pariser Sansculotten die Rückkehr zur Zwangswirtschaft und erhoben sich ein letztes Mal. Der Aufstand vom 12. Germinal III (1. April 1794) bildete den Auftakt zu den noch dramatischeren Tagen des 1. und 2. Prairial (20. und 21. Mai 1795). Am Abend des 4. Prairial kapitulierte schließlich der Faubourg Saint-Antoine, die Säule der Revolution seit Neunundachtzig, kampflos: er war führerlos geworden, hatte fast keine Kader mehr und war vom Hunger ausgezehrt.

Die *ehrbaren Leute* atmeten auf, die Repression lockerte sich. Es waren entscheidende Tage, in denen sich der vereinigte Block der sich auf die Armee stützenden Bourgeoisie aus Republikanern bis hin zu Anhängern des Ancien Régime gegen die ausgelaugte und desorganisierte patriotische Volksbewegung erhob. Nachdem ihre Triebfeder somit gebrochen war, hatte die Revolution ihr Ende gefunden.

Die großen Kampftage vom Prairial des Jahres III bilden

wie schon der 9. Thermidor letztlich tragische Episoden eines Klassenkampfes inmitten des ehemaligen Dritten Standes. Um sie angemessen beurteilen zu können, darf nicht vergessen werden, daß die Französische Revolution im wesentlichen ein Kampf des gesamten Dritten Standes gegen die europäische Aristokratie war. In diesem Kampf hatte die Bourgeoisie die Zügel in der Hand. Im Kern, nämlich in ihrem Haß auf die Aristokratie und dem Willen zu siegen, waren die Sansculotten mit der revolutionären Bourgeoisie einig: sie sind es immer geblieben, so daß selbst noch am 13. Vendémiaire (5. Oktober 1795) und am 18. Fructidor (4. September 1797) die bewußtesten Kämpfer ihre legitimen Rachegefühle unterdrückt und der thermidorianischen Bourgeoisie dabei geholfen haben, die Konterrevolution zu zerschlagen. Der Gegensatz zwischen der Volksbewegung und der Jakobiner-Diktatur des Wohlfahrtsausschusses hatte sich freilich bald offenbart und das System des Jahres II unterminiert. Nahm dieser Gegensatz auch hauptsächlich infolge der Kriegserfordernisse zu, so brachte er doch nicht minder deutlich die unvereinbaren Tendenzen zweier unterschiedlicher gesellschaftlicher Gruppen zum Ausdruck.

Politisch gesehen erforderte der Krieg ein autoritäres Regierungsregime; den Sansculotten war das sehr wohl bewußt, denn immerhin hatten sie zu seiner Errichtung beigetragen. Aber der Krieg und seine Anforderungen gerieten sehr bald in Widerspruch zur Demokratie, die Bergpartei und Sansculotten – wenn auch mit unterschiedlichem Inhalt – gleichermaßen anstrebten. Die Sansculotten hatten eine starke Regierung gefordert, mit der die Aristokratie zerschlagen werden sollte: sie wären niemals auf den Gedanken gekommen, daß diese Regierung in ihrem Willen zu siegen auch sie eines Tages zum Gehorsam zwingen würde. Vor allem tendierte die von ihnen praktizierte Demokratie spontan zu einer Form direkter Regierung. Kontrolle der Gewählten, Recht des Volkes auf Widerruf der Mandate, Abstimmung durch Zuruf oder Akklamation: diese Formen politischen Handelns widersprechen der Konzeption einer liberalen und repräsentativen Demokratie, wie sie die Montagnard-Bourgeoisie ansteuerte, vollständig. Über einen nur aus den Umständen resultierenden Gegensatz hinaus gab es in diesem Bereich einen grundsätzlichen Widerspruch.

Auf ökonomischer und sozialer Ebene war der Widerspruch gleichermaßen unaufhebbar. Als Anhänger einer liberalen Wirtschaftsform haben die Männer der Revolutionsregierung mit Robespierre an der Spitze die Zwangswirtschaft nur gebilligt, weil sie zur Führung eines großen nationalen Krieges auf Taxierung und Beschlagnahme nicht verzichten konnten: dagegen dachten die Sansculotten in erster Linie an ihren eigenen Unterhalt, als sie das allgemeine *Maximum* erzwangen. Wie demokratisch die Revolution auch immer geworden war, sie blieb dennoch eine bürgerliche; die Revolutionsregierung taxierte ebenso die Löhne wie die Lebensmittel, um derart das Gleichgewicht zwischen Unternehmern und Lohnabhängigen aufrechtzuerhalten. Diese Politik erforderte das Bündnis zwischen Bergpartei und Sansculotterie; da sie aber die Wirtschaftsfreiheit beeinträchtigte und den Profit beschnitt, stieß sie selbst noch die jakobinische Bourgeoisie vor den Kopf.

Mit Ausnahme der vom Staat finanzierten Kriegsfabrikationen sowie der von den Bauern eingezogenen Getreide- und Futterkontingente wurde das Maximum umgangen – und dadurch war der Konflikt mit den Lohnabhängigen nicht zu vermeiden. Diese wiederum litten unter der Inflation und einer ungenügenden Versorgung und wurden natürlicherweise dazu getrieben, den relativen Mangel an Arbeitskräften für sich auszunutzen und Lohnerhöhungen zu ertrotzen: Die Kommune drückte vom Herbst bis zum Frühjahr des Jahres II ein Auge zu, sie unterließ es also in gesetzeswidriger Weise, die Löhne zu taxieren. Nach dem Germinal brachte die Regierung die Situation der Unternehmen, deren Profit in der Zange von Preisbindung und illegaler Lohnerhöhung dahinschwand, wieder ins rechte Lot – eine Politik, die schließlich zum Maximum der Pariser Löhne vom 5. Thermidor führte. Mit diesem Vorgehen schränkte die Revolutionsregierung nun aber die von den Lohnabhängigen erworbenen Vorteile wieder ein und schien damit von ihrer vermittelnden Position abzurücken.

Da die Zwangswirtschaft des Jahres II auf keiner Klassenbasis ruhte, hing sie gleichsam im Leeren. Deshalb brach dieses Gebäude dann auch nach dem 9. Thermidor in sich zusammen.

Hieran waren allerdings nicht nur die Gegensätze zwischen Jakobiner-Diktatur und Volksbewegung beteiligt: die Widersprüche innerhalb der Sansculotterie selbst trugen bereits den Untergang des Systems des Jahres II in sich. Die Sansculotten bildeten weder eine Klasse, noch war ihre Bewegung eine Klassenpartei. Handwerker und Krämer, Gesellen und Tagelöhner gingen mit einer bürgerlichen Minderheit eine Koalition ein, die gegenüber der Aristokratie eine widerstandsfähige Stärke entfaltete. Innerhalb dieses Bündnisses aber entwickelte sich der Gegensatz zwischen denjenigen, die wie die Handwerker und Ladenbesitzer von dem Profit lebten, den sie aus dem Privateigentum an Produktionsmitteln zogen, und den anderen, die wie die Gesellen und Tagelöhner nichts weiter als ihren Lohn besaßen. Die Notwendigkeiten der Revolution hatten die Sansculotterie für einen Moment zu einer Einheit zusammengeschmiedet und die Interessenkonflikte, die diese unterschiedlichen Schichten aneinandergeraten ließen, in den Hintergrund geschoben: aufheben konnten sie diese aber nicht.

Die Sansculotten waren ihrer Herkunft nach grundverschieden und besaßen kein einheitliches Klassenbewußtsein. Wenn sie auch gemeinsam ihre Feindschaft gegenüber dem Kapitalismus bekräftigten, so geschah dies doch aus recht heterogenen Motiven: der Handwerker hegte die Befürchtung, auf den Status eines Lohnarbeiters niedergedrückt zu werden; der Geselle dagegen verfluchte den Wucherer, der ihm das Leben teuer machte. Obwohl sie Lohnabhängige waren, besaßen die Gesellen doch kein eigenes gesellschaftliches Bewußtsein: ihre Mentalität war eher von den Bedingungen des Handwerks geprägt, weil die kapitalistische Konzentration noch nicht das Gefühl für Klassensolidarität geweckt hatte. Nur ansatzweise besaßen sie einen gewissen Begriff von ihrer Einheit, die sich nach außen in ihrer manuellen Beschäftigung, ihrer Kleidung und ihrer Lebensweise zeigte. Auch der Mangel an

Ausbildung erzeugte in den Reihen des Volkes das Gefühl der Unterlegenheit und zuweilen der Ohnmacht: Als die *begabten Männer* der jakobinischen mittleren Bourgeoisie den Pariser Sansculotten den Rücken kehrten, waren diese verloren.

Das Scheitern des Versuchs im Jahre II wird durch den Gang der Geschichte in der ihm eigenen Dialektik erklärt. Fünf Jahre fortwährenden revolutionären Kampfes verbrauchten selbst die Besten und raubten auf die Dauer der Volksbewegung, was sie einst an Kraft und Schärfe besessen hatte, während zugleich die immer wieder auf die lange Bank geschobene Erfüllung der *großen Hoffnung* nach und nach die Massen demoralisierte. »Das Volk wird müde«, hatte Robespierre notiert: das Volk lechzte danach, einmal die Früchte seiner Anstrengungen zu genießen. »Wir stehen kurz davor, die Opfer zu bereuen, die wir der Revolution gebracht haben«, erklärten am 27. Ventôse III (17. März 1795) die Sansculotten der Vorstädte Saint-Antoine und Saint-Marcel vor dem Konvent. Monat für Monat hatten die Aushebungen die Reihen der Männer in den Pariser Sektionen geschwächt, sie der jüngsten, auch der bewußtesten und enthusiastischsten Kämpfer beraubt, für die die Verteidigung des neuen Vaterlandes die erste revolutionäre Pflicht war. Man kann sich vorstellen, welche fatalen Folgen diese Überalterung auf den revolutionären Eifer der Massen haben mußte.

Im gleichen Zeitraum hatten die Sansculotten mit ansehen müssen, wie ihre Kader dahinschmolzen; und dies wurde gerade durch die Erfolge der Volksbewegung im Frühling und während des Sommers 1793 bewirkt. Viele Kämpfer, die keineswegs Ehrgeizlinge waren, meinten nun, daß die Zuteilung eines Postens die gerechte Entschädigung für ihre Aktivität sei. Im übrigen war die Schlagkraft der Revolutionsregierung tatsächlich nur um diesen Preis zu erhalten. Im Herbst wurden die Verwaltungsstellen gesäubert und mit guten Sansculotten besetzt. Ein neuer Konformismus machte sich breit. Die revolutionären Kommissare der Pariser Sektionen sind dafür ein deutliches Beispiel: anfänglich bildeten sie das populärste und kämpferischste neue politische Personal. Stellung und Erfolg ihrer

Aufgabe zwangen dazu, sie zu entlohnen: so wandelten sich diese Kämpfer im Verlauf des Jahres II zu Beamten, die der Regierung um so ergebener waren, als sie um ihre erworbenen Vorteile fürchten mußten. Die revolutionäre Macht wurde damit zwar gestärkt, aber zugleich wurden die Volksbewegung geschwächt und deren Beziehungen zur Regierung schwerwiegend verändert. Die politische Aktivität der Sektionsorganisationen wurde gebremst, die Demokratie beschnitten. Der Bürokratisierungsprozeß hatte die fortschreitende Lähmung des kritischen Geistes und der politischen Kampfkraft der Massen zur Folge. Schließlich war nicht mehr zu übersehen, daß die Kontrolle des Volkes über die Regierungsorgane dahinschwand, während deren autoritäre Tendenzen zunahmen. Die Robespierristen sahen dieser Entwicklung ohnmächtig zu.

Der Thermidor und sein Nachspiel im Prairial III erlaubten nun, da die Hoffnungen des Volkes auf die unmögliche egalitäre Demokratie zunichte gemacht waren, wieder an *Neunundachtzig* anzuknüpfen. Zu diesem Zeitpunkt hatte indessen der Terror mit seinen schrecklichen Schlägen die Zerstörung der alten Gesellschaft vollendet und den Boden für die Errichtung neuer gesellschaftlicher Beziehungen geebnet: Die bürgerliche Herrschaft der Notabeln konnte beginnen.

Ein Mitglied des französischen Direktoriums

Fünfundneunzig
Liberalismus oder Diktatur?
(1795–1799)

Im Jahre 1795 ist von den beiden Volksbewegungen, die seit 1789 abwechselnd die bürgerliche Revolution vorangetrieben hatten, die eine zerschlagen, die andere gezähmt. Die städtischen Massen befinden sich trotz der Anstrengungen der Verschworenen des Jahres IV von nun an auf dem Rückzug: sie werden sich erst wieder im Jahre 1830 erheben. Die Bauernschaft ist unwiderruflich gespalten: durch die definitive Abschaffung der Feudalrechte mit dem Gesetz vom 17. Juli 1793 hat der von der Bergpartei beherrschte Konvent die besitzenden Bauern auf lange Sicht für die Reihen der Ordnungspartei gewonnen. Nun, da die revolutionäre Flamme erloschen und die Aristokratie in ihrem Lebensnerv getroffen war, begann die Ära der bürgerlichen Stabilisierung.
Der thermidorianische Konvent hinterließ allerdings dem Regime, das er schuf und das seither unter der Bezeichnung Direktorium in die Geschichte eingegangen ist, sowohl den Krieg und eine katastrophale wirtschaftliche Lage als auch ein sorgfältig ausbalanciertes politisches System, dessen Geist und Praxis an dieser Stelle wichtiger erscheinen als seine genaue Beschreibung. Die Bourgeoisie hatte an das Experiment des Jahres II eine grauenhafte Erinnerung bewahrt (ihre Freiheit war beschränkt, der Profit beschnitten, das Gesetz von kleinen Leuten erzwungen worden); sie baute nun mit gestärktem Klassenbewußtsein eifersüchtig ihre Macht auf; jetzt, da die Vorherrschaft der Notabeln wieder hergestellt war, befand sich die Nation erneut in den engen Schranken des Zensussystems. Doch eine neue, durch den Zusammenbruch des Papiergeldes ausgelöste revolutionäre Opposition sowie die hartnäckige Absage an jede innere oder äußere

Konterrevolution ließen eine normale Entwicklung des Modells nicht zu: so entstand eine politische und administrative Ausnahmepraxis, von der das Konsulat profitierte und die es weitgehend institutionalisieren sollte. Vom Thermidor zum Empire zeichnet sich eine Kontinuität ab, die durch den Brumaire nur scheinbar unterbrochen wird.

Das thermidorianische Erbe: Eigentum und Freiheit

Die Grundsätze der gesellschaftlichen und politischen Vorherrschaft der Bourgeoisie wurden von dem Konventsabgeordneten Boissy d'Anglas in seiner einleitenden Rede zum Verfassungsentwurf am 5. Messidor III (23. Juni 1795) ganz klar formuliert. Es geht darum, »endlich das Eigentum des Reichen, die Existenz des Armen, den Genuß des Fleißigen sowie die Freiheit und die Sicherheit aller zu garantieren.«

Das Eigentum bildet das Fundament der gesellschaftlichen Ordnung. Der Konvent muß sich »mutig hüten vor all den illusorischen Prinzipien einer absoluten Demokratie und einer schrankenlosen Gleichheit, die unbestreitbar die ärgsten Klippen für die wirkliche Freiheit bilden. Die bürgerliche Gleichheit, das ist alles, was ein vernünftiger Mensch verlangen kann. Die absolute Gleichheit ist ein Hirngespinst; damit es sie geben kann, müßte es eine vollkommene Gleichheit des Geistes, der Tugend, der physischen Kraft, der Erziehung, des Vermögens aller Menschen geben.« Schon am 13. März 1793 hatte Vergniaud ähnliche Überlegungen angestellt: »Gleichheit kann für den sozialen Menschen allein Gleichheit der Rechte heißen. Gleichheit kann ebensowenig die Gleichheit der Vermögen, der Körpergröße, der Kräfte, des Geistes, der Aktivität, des Fleißes wie der Arbeit heißen.«

Welch erstaunliche Kontinuität von der Gironde bis zu den Thermidorianern! Boissy d'Anglas fährt fort: »Wir müssen von den Besten regiert werden: die Besten aber sind diejenigen, die am

umfassendsten unterrichtet und am meisten an der Wahrung der Gesetze interessiert sind; nun werdet Ihr aber mit einigen Ausnahmen solche Menschen allein unter denjenigen finden, die Eigentum besitzen, und die an dem Land, in dem es liegt, an den Gesetzen, die es schützt, an der Ruhe, die es enthält, auch hängen; und die durch dieses Eigentum und den Wohlstand, den es verleiht, die Erziehung genossen haben, die sie instand gesetzt hat, mit Weisheit und Gerechtigkeit die Vor- und Nachteile der Gesetze abzuwägen, die das Schicksal ihres Vaterlandes bestimmen. Der Mensch ohne Eigentum dagegen bedarf einer fortwährenden Anstrengung seiner Tugend, um sich für die Ordnung zu interessieren, die ihm nichts bereit hält, und um sich von den Bewegungen abzusetzen, die ihm einige Hoffnungen eingeben.«
Die ökonomische Freiheit ist notwendig an die Eigentumsrechte gebunden. »Gebt Ihr den eigentumslosen Menschen die unumschränkten politischen Rechte, so werden diese, wenn sie erst einmal auf den Bänken der Gesetzgeber sitzen, Unruhe stiften oder wenigstens tolerieren, ohne deren Folgen zu fürchten; sie werden dem Handel und der Landwirtschaft unheilvolle Steuern auferlegen oder zumindest solche dulden, da sie deren furchtbare Auswirkungen weder erkannt noch gefürchtet oder vorausgesehen haben ... Ein von den Besitzenden regiertes Land befindet sich im gesellschaftlichen Zustand; dasjenige, in welchem die Eigentumslosen herrschen, im Naturzustand.«
Die Absicht der Bourgeoisie, die Ausübung des Eigentumsrechts fortan eifersüchtig sich allein vorzubehalten, bedeutete das Ende jeglicher Hoffnung der Volksklassen. Im Namen der Anforderungen einer liberalen Wirtschaft wurde den Nichtbesitzenden, insbesondere den Kleinbauern, der Erwerb von Grundeigentum, den die Gesetzgebung der Montagne vorübergehend erleichtert hatte, verweigert. Bereits am 22. Fructidor II (8. September 1794) hatte Lozeau, Abgeordneter aus der Charente-Inférieure, die Notwendigkeit dieser Maßnahmen unterstrichen, als er dem Konvent seinen Bericht »Über die materielle Unmöglichkeit, alle Franzosen zu Grundbesitzern zu machen und über die unangenehmen Folgen, die zudem diese Veränderung nach sich ziehen würde«, vorlegte: selbst wenn man annehmen wollte, daß alle Bauern zu unabhängigen Landwirten gemacht werden könnten, so hätte die Republik keine Freude daran, »da nach dieser Vorstellung jeder zur Erhaltung seines Lebens gezwungen wäre, sein Feld oder seinen Weinberg zu bestellen, und so Handel, Technik und Industrie bald vernichtet wären«.
Das Vorhandensein eines abhängigen Proletariats ist unerläßliche Voraussetzung der kapitalistischen Wirtschaft und der bürgerlichen Gesellschaft. Jedwede Beeinträchtigung des Eigentumsprivilegs drohte die gesellschaftliche Ordnung in Frage zu stellen: Das Gespenst des »Ackergesetzes«* war wirksam wie eh und je, und

---

* Das ›Ackergesetz‹ sah die Abschaffung des Grundeigentums und die gleichmäßige Verteilung von Grund und Boden vor.

die soziale Angst erklärt weitgehend das Abgleiten des Regimes in eine Militärdiktatur. Als er sich gegen die Einführung der Progressivsteuer aussprach, erklärte der ›finstere‹ Dauchy am 10. Frimaire IV (1. Dezember 1795) vor den Fünfhundert: »Die Staaten gedeihen nur, wenn sie so weit wie möglich die Staatsbürger an das Eigentum binden ...Die Progressivsteuer bildet ein Ausnahmegesetz gegen die wohlhabenden Staatsbürger ... Die völlige Zerstückelung des Eigentums wäre ihre unausweichliche Folge; dieses System ist bei der Veräußerung der Nationalgüter nur allzu genau befolgt worden ... Die Progressivsteuer ist, mit einem Wort, der Keim eines Ackergesetzes, der schon in der Entwicklung erstickt werden muß ... Erst wenn man dem Eigentum gegenüber religiöse Achtung empfindet, wird es möglich sein, alle Franzosen für die Freiheit und die Republik zu gewinnen.«

Die der Verfassung des Jahres III vorausgehende Erklärung der Rechte stellt einen klaren Rückschritt gegenüber jener von 1789 dar. Während der Diskussion am 26. Thermidor (13. August) hatte Mailhe die Gefahr unterstrichen, die entstehe, wenn man »in die Erklärung Prinzipien aufnimmt, die den in der Verfassung enthaltenen widersprechen«: »Wir haben mit dem Mißbrauch von Worten eine so grausame Erfahrung gemacht, daß wir kein einziges Wort zuviel gebrauchen sollten.« Artikel 1 der Deklaration von 1789 »Die Menschen werden frei und gleich an Rechten geboren und bleiben es« wurde aufgehoben. »Wenn Ihr sagt, daß alle Menschen gleich an Rechten bleiben«, hatte Lanjuinais am 26. Thermidor erklärt, »dann werdet Ihr die Revolte derer gegen die Verfassung provozieren, denen Ihr zugunsten der Sicherheit aller die Ausübung der Bürgerrechte verweigert oder entzogen habt.«

Die Thermidorianer, sehr viel vorsichtiger als die früheren Verfassungsgeber, präzisieren dann auch, daß es allein um bürgerliche Gleichheit gehe: »Die Gleichheit besteht darin, daß das Gesetz für alle gleich ist« (Art. 3). Von sozialen Rechten, wie sie noch die Erklärung von 1793 kannte, war keine Rede mehr, noch weniger vom Recht auf gewaltsamen Widerstand. Demgegenüber wird, wie schon in der Erklärung von 1793, das Eigentumsrecht, das in der Erklärung von 1789 nicht näher bestimmt worden war, wie folgt definiert: »Das Eigentum ist das Recht, seine Güter, Einkünfte, die Frucht seiner Arbeit und seines Fleißes zu genießen und über sie zu verfügen« (Art. 5). Das bedeutete die umfassende Bestätigung der Wirtschaftsfreiheit. Die Erklärung der Pflichten, die der Erklärung der Rechte nach Ansicht der Thermidorianer sinnvollerweise folgen mußte, formuliert in Artikel 8 unmißverständlich: »Die Bebauung der Felder, die gesamte Produktion, alle Produktionsmittel und die gesellschaftliche Ordnung überhaupt bauen auf der Erhaltung des Eigentums auf.« Das Wahlrecht wurde beschränkt, aber die Bedingungen des Zensus gegenüber 1791 erweitert: Aktivbürger wird jeder Franzose, der 21 Jahre alt ist, seit einem Jahr einen Wohnsitz nachweisen kann und Steuern zahlt.

Unter diesen Bedingungen erwies sich die soziale Basis, auf der die Direktorialen im Anschluß an die Thermidorianer die Revolution stabilisieren wollten, als ausnehmend schmal.

Für die Volksmassen blieben die Erinnerung an das Jahr II sowie die soziale Angst die entscheidenden Handlungsimpulse, die schließlich auch den 18. Brumaire rechtfertigen sollten. Der bewußteste Teil des Volkes war nicht bereit, sich widerstandslos aus dieser Nation und dieser Republik, für die er gekämpft hatte, ausstoßen zu lassen: die Verschwörung der Gleichen war ein Beleg dafür. Doch während die revolutionäre Bewegung nicht ohne Zögern neue Wege einschlug, war die bürgerliche Angst in den Händen der Regierung ein machtvoller Hebel gegen die *Ausschließlichen*, die *Terroristen*, *Anarchisten*, die *Räuber* und *Blutsäufer*. Die *Notabeln*, die *ehrbaren Leute* fürchteten nichts so sehr wie eine Rückkehr zum System des Jahres II: da war der Reiche ein Verdächtiger, die überlieferten gesellschaftlichen Werte wurden umgestürzt und die politische Demokratie hatte den Weg für die soziale Gleichmacherei geebnet.

Die Aristokratie blieb aus den Reihen der besitzenden Klassen ausgeschlossen, ebenso aber auch ein Teil der Bourgeoisie selbst. Nach dem Gesetz vom 3. Brumaire IV (25. Oktober 1795) war den Verwandten von Emigranten die Ausübung öffentlicher Funktionen untersagt; von der royalistischen Mehrheit des Jahres V wurde das Gesetz zwar aufgehoben, es trat jedoch am 18. Fructidor wieder in Kraft. Wenig später schlug Sieyès die Verbannung derjenigen Adligen vor, die während des Ancien Régime Ämter ausgeübt oder Würden innegehabt hatten; den übrigen sollte die französische Staatsbürgerschaft aberkannt werden: das Gesetz vom 9. Frimaire VI (29. November 1797) beschränkte sich auf die zweite Maßnahme; wenn es auch niemals angewandt wurde, so war seine Intention doch mehr als deutlich. Die Aussperrung hatte damit noch kein Ende: die den Mittelschichten entstammende Direktorialbourgeoisie mißtraute nicht minder der Bourgeoisie des Ancien Régime, die ein gehobeneres gesellschaftliches Niveau einnahm und eher der Aristokratie nahestand. Die konstitutionellen Monarchisten waren ebenso wie die Absolutisten ausgeschlossen. Die zu Direktorialen gewandelten Thermidorianer erstrebten eine bürgerliche und konservative Republik; die Unterstützung eines Teils der royalistischen Bourgeoisie aber wiesen sie deshalb zurück, weil sie fürchteten, von diesen auf den Weg der Restauration gezogen zu werden.

Die monetäre Katastrophe und die Verschwörung für die Gleichheit (1795–1797)

Die Stabilisierung der Revolution auf der schmalen Grundlage von Eigentum, Zensusbourgeoisie und republikanischen Notabeln allein erwies sich am Ende als unmöglich. Sie hing vielmehr von der Lösung aller grundlegenden noch von der thermidorianischen Epoche geerbten Probleme ab: dem Krieg und – im Innern – von Wirtschaft und Finanzen. Während die Thermidorianer 1795 in Basel mit Preußen und Spanien und in Den Haag mit Holland Frieden schlossen, ging der Krieg mit Österreich bis zum Vertrag von Campo Formio (18. Oktober 1797) weiter. Das Geld war entwertet und die Wirtschaft zerrüttet. Eine Steuerkrise verstärkte die Geldkrise, Steuern gingen nicht mehr ein, die Staatskasse war leer. Vergeblich blieb die Aufforderung Reubells* auch an »die Gleichgültigen, ... sich der Republik anzuschließen und mit dieser großen Mehrheit von Republikanern zu vereinigen, vor der jegliche Fraktionierung verschwinden wird.«

Kurze Zeit nach Amtsbeginn des Direktoriums (4. Brumaire IV/26. Oktober 1795) erreichte die Inflation ihren Höhepunkt. Die Assignate über 100 Livres war nur mehr 15 Sous wert. Die Assignatenpresse druckte unaufhörlich Geld, dessen Wert schließlich niedriger lag als der Papierpreis: in weniger als 4 Monaten verdoppelte sich die Menge des Papiergeldes und stieg im Februar 1796 auf die stattliche Höhe von 39 Milliarden. Vergeblich wurde eine progressive Zwangsanleihe als regelrechte Kapitalertragssteuer eingeführt, die in Metallgeld, Getreide oder in

---

* Jean-François *Reubell*, Elsässer, Mitglied der Konstituante in der Bergpartei und einer der sog. Königsmörder; ab 5. III. 1795 Mitglied des Wohlfahrtsausschusses und von 1795 bis 1799 auch des ersten und des zweiten Direktoriums; zuständig jeweils für die Außenpolitik, entschiedener Anhänger der natürlichen Grenzen Frankreichs; Reubell war neben Barras und La Revellière einer der drei Triumvirn. Das Zitat im Text fiel am 21. I. 1796, um »die guten Bürger« um die Republik zu sammeln. Reubell war unbeirrbarer Anti-Royalist.

Assignaten zu 1% ihres Nennwertes zahlbar war: ihr Kurswert lag indessen schon drei- bis viermal niedriger. Am 30. Pluviôse IV (19. Februar 1796) mußten die Emissionen eingestellt und die Assignate aufgegeben werden.

Die Rückkehr zum Metallgeld schien unmöglich: es waren nur noch etwa 300 Millionen im Umlauf gegenüber den $2^{1}/_{2}$ Milliarden am Ende des Ancien Régime. Die Idee einer nationalen Emissionsbank wurde fallengelassen. Das Gesetz vom 28. Ventôse IV (18. März 1796) schuf das *Territorialmandat*, von dem sofort 2400 Millionen ausgegeben wurden. Die Territorialmandate, deren Pfand die noch nicht verkauften Nationalgüter darstellten, wurden gegen die Assignaten im Verhältnis 30:1 getauscht, während im gleichen Zeitraum die Assignate bei der Zahlung der Zwangsanleihe im Verhältnis 100:1 angenommen wurde. In sieben Monaten durchlief das Territorialmandat den Weg, für den die Assignate fünf Jahre gebraucht hatte. Bereits bei den ersten Emissionen verlor das Mandat zwischen 65 und 70%; die Entwertung stieg auf 90% am 1. Floréal (20. April 1796). Nun hatten die Lebensmittel also drei Preise, was die Schwierigkeiten des Handels und der Versorgung schwerlich mindern konnte.

Die Verschleuderung der Nationalgüter, die deren Bedeutung als Pfand damit minderte, trug noch zum Zusammenbruch des Mandats bei. Das Gesetz vom 6. Floréal IV (26. April 1796) ordnete die Wiederaufnahme des Verkaufs an und legte die Bedingungen fest: das Mandat sollte – mit Ausnahme von Versteigerungen – zum Nennwert angenommen werden; es kam zu einem Ansturm, einem wahren Raubzug vornehmlich zugunsten der Staatslieferanten, die in Mandaten bezahlt wurden. Im Prairial kostete das Pfund Brot 150 Livres in Assignaten. Selbst die Bettler wiesen das Papier ab, das man ihnen gab.

Der Kreislauf beschleunigte sich noch. Am 29. Messidor (17. Juli 1796) wurde der Zwangskurs abgeschafft; am 13. Thermidor (31. Juli) beschloß man, die Bezahlung der Nationalgüter auf der Grundlage der Mandate zum Kurswert durchzuführen: die Maßnahme kam freilich zu spät, um die Verschleuderung der nationalisierten Großgüter zu verhindern. Am Ende des Jahres IV (Mitte September 1796) war die Fiktion des Papiergeldes beendet. Das Metallgeld tauchte wieder auf; der Staat allerdings, der nur Papiergeld erhielt, konnte davon nicht profitieren. Das Gesetz vom 16. Pluviôse V (4. Februar 1797) entwertete das Mandat und setzte es auf 1% seines Nennwertes fest: die offizielle Bestätigung eines schon vollzogenen Bankrotts. So endete die Geschichte des revolutionären Papiergeldes. Tatsächlich ernährte der Krieg nun auch bereits das Regime: die Rückkehr zur Münze erklärt sich aus der Ausbeutung der okkupierten Länder. Das Direktorium hatte am 5. Germinal V (25. März 1797) 10 Millionen in Münzgeld von der Armee aus der Sambre-und-Maas-Gegend empfangen und über 51 Millionen von der Armee in Italien.

Die sozialen Folgen waren – wie immer – für die Gesamtheit der Volksmassen katastrophal. Der Winter des Jahres IV wurde für die vom schwindelerregenden Preisanstieg niedergedrückten Lohnabhängigen zu einer Schreckenszeit. Da die Ernte von 1795 schlecht ausgefallen war, die Bauern nur Münzgeld annahmen und keine Beschlagnahmungen nicht mehr durchgeführt wurden, blieben die Märkte leer. Das Direktorium mußte Waren vom Ausland importieren und den Konsum streng regeln. In Paris sank die tägliche Brotration von einem Pfund auf 75 Gramm; sie wurde ergänzt durch Reis, den die Frauen wegen Holzmangels jedoch nicht kochen konnten. Den ganzen Winter über notieren die Polizeiberichte mit ermüdender Eintönigkeit das Elend und die Unzufriedenheit der Volksmassen, die durch den Luxus und die Schamlosigkeit der Spekulanten nur noch schlimmer erschienen. Die Opposition gegen das Direktorium erhielt damit neue Nahrung: die im Klub Panthéon versammelten Jakobiner erörterten schon die Wiedereinführung des Maximums. Unter dem Einfluß Babeufs gewann die revolutionäre Opposition indessen neue Gestalt.

Der Druck der Ereignisse, das Nachdenken über seine Zeit und die revolutionäre Aktion, an der er voller Leidenschaft teilnahm, hatten Babeufs zunächst aus Büchern erworbene Kenntnis über den jahrhundertealten Kommunismus bereichert und gefestigt. Als erster im Verlauf der Französischen Revolution überwand er den Widerspruch, an dem die der Sache des Volkes ergebenen politischen Kämpfer noch alle gescheitert waren: den Widerspruch zwischen der Beteuerung des Rechts auf Leben und der Aufrechterhaltung des Privateigentums wie der Wirtschaftsfreiheit. Ohne Zweifel fügt sich Babeufs Versuch der »Verschwörung der Gleichen« [Februar 1796–Mai 1797] nicht exakt in die Entwicklungslinie der bürgerlichen Revolution ein.

Aber bei einer umfassenderen Beurteilung der historischen Entwicklung erscheint sie als notwendiger Wendepunkt zwischen der Volksbewegung alten Typs, wie sie im Jahre II ihren Höhepunkt erreicht hatte, und der revolutionären Bewegung, die aus den Widersprüchen der neuen Gesellschaft entstanden ist.

Wie die Sansculotten und die Jakobiner verkündet auch Babeuf als Ziel der Gesellschaft das *Glück aller* und fordert die Sicherung des *gleichen Genusses aller Güter* durch die Revolution. Aber da das Privateigentum zwangsläufig die Ungleichheit wieder einführt und das *Ackergesetz*, d.h. die gleiche Aufteilung des Grundbesitzes »allenfalls einen Tag« dauern könnte (»schon einen Tag nach seinem Inkrafttreten würde die Ungleichheit sich wieder zeigen«), besteht das einzige Mittel, zur *tatsächlichen Gleichheit* zu gelangen, darin, »eine gemeinsame Verwaltung einzurichten; das Sondereigentum abzuschaffen; jeden Menschen an die Fähigkeit und die Tätigkeit zu binden, die er beherrscht; ihn zu verpflichten, deren Produkte in Naturalform im gemeinsamen Lager zu deponieren; und eine einfache Verwaltung für die Versorgungsmittel einzurichten, die ein Register von allen Individuen und allen Gütern unterhält und letztere peinlich genau verteilen wird.«

Dieses im ›Manifeste des plébéiens‹ formulierte und in *Le Tribun du peuple* vom 9. Frimaire IV (30. November 1795) veröffentlichte Programm bildet gegenüber den Ideologien der Jakobiner und Sansculotten, die beide noch durch die Bindung an das auf persönliche Arbeit gegründete kleine Privateigentum gekennzeichnet waren, eine Neuerung oder genauer einen abrupten Wechsel: Die *Güter- und Arbeitsgemeinschaft* war die erste Form einer revolutionären Ideologie der aus der Revolution selbst hervorgegangenen neuen Gesellschaft. Durch den Babouvismus war der Kommunismus, bisher noch utopische Träumerei, zu einem ideologischen System geworden; durch die Verschwörung der Gleichen ging er erstmals in die politische Geschichte ein.

Das System Babeufs ist von Georges Lefebvre als ›Verteilungskommunismus‹ bezeichnet worden. Ohne Zweifel steht das Problem der Verteilung der Lebensmittel, das für die Volksmassen der Epoche von so großem Gewicht war, im Zentrum der gesellschaftlichen Überlegungen Babeufs. Doch als Kommissar für das Zinsbuch, Kenner des feudalen Rechts und zeitweiliger Gemeindeschreiber hatte er einen unmittelbaren Einblick in die Lage der picardischen Bauern, ihre Probleme und Kämpfe gewonnen: Zweifellos waren es diese Erfahrungen mit den noch lebendigen

und kämpferisch eingestellten ländlichen Gemeinschaften, ihren kollektiven Rechten und ihren Gemeinschaftsgebräuchen, die ihn schon vor der Revolution zur tatsächlichen Gleichheit und zum Kommunismus geführt hatten.
Wenn er in seinem Ständigen *Katasterbuch* von 1789 auch noch zum Ackergesetz neigte, also zum Sozialismus der *Verteiler* in der Formulierung von 1848, so sah er andererseits in einer Denkschrift von 1785 über die großen Pachtgüter und in einem Brief von 1786 doch schon den Aufbau ›kollektiver Güter‹, d. h. regelrechte ›Brudergemeinschaften‹ voraus: ›den Boden in gleiche Parzellen unter die Individuen aufzuteilen, würde bedeuten, den überwiegenden Teil der Erträge, den er bei kombinierter Arbeit abwerfen würde, zu vernichten.«
Schon vor der Revolution stellte Babeuf, der die Notwendigkeit einer kollektiven Organisation der landwirtschaftlichen Arbeit voraussah, nicht allein das Problem der wirklichen Gleichheit der Rechte und damit der Verteilung, sondern auch das der Produktion. Aber entging ihm dabei nicht die große Rolle der kapitalistischen Konzentration und des Aufschwungs der industriellen Produktion? Seine Vorliebe für die alten Wirtschaftsformen (insbesondere die handwerkliche) und die Tatsache, daß in seinem Werk jeder Hinweis auf eine vom Überfluß der Konsumgüter lebende kommunistische Gesellschaft fehlt, erklären, warum man bei ihm von einem ökonomischen Pessimismus sprechen konnte. Die spezifischen Züge der Wirtschaft jener Epoche, der geringe Grad an kapitalistischer Konzentration und das Fehlen einer wirklichen Massenproduktion, das Temperament Babeufs und seine gesellschaftliche Erfahrung erklären, warum Babeuf eher zu einer Vorstellung von Mangel und Stillstand der Produktivkräfte als von Aufschwung und Überfluß neigte. Dies verdeutlicht auch die Position des Babouvismus zwischen der moralisierenden kommunistischen Utopie des 18. Jahrhunderts und dem industriellen Sozialismus eines Saint-Simon.
Die Verschwörung der Gleichen im Verlauf des Winters 1795–1796 war der erste Versuch, den Kommunismus Wirklichkeit werden zu lassen. Ihre politische Organisation bezeichnet einen Bruch mit den bis dahin von der Volksbewegung verwendeten Methoden. Im Zentrum steht die Führungsgruppe, die sich auf eine kleine Zahl erprobter Kämpfer stützt; dann der Kreis der Sympathisanten aus Patrioten und Demokraten im Sinne des Jahres II, die nicht vollständig eingeweiht waren und das neue revolutionäre Ideal offenbar nicht ganz und gar teilten; schließlich die Volksmassen selbst, die es im Schatten der Krise mitzureißen gilt. Eine hervorragend organisierte Verschwörung: allerdings scheint das Problem der notwendigen Verbindung mit den Massen unzureichend gelöst. So schälte sich – auch anhand der Erfahrungen des Volksaufstandes – der Begriff der revolutionären Diktatur heraus, den Marat schon geahnt hatte, den er aber noch nicht genau definieren konnte: Wenn die Macht einmal durch einen Aufstand übernommen war, wäre es kindisch, sich einer nach

den Grundsätzen der politischen Demokratie gewählten Versammlung oder auch dem Votum einer allgemeinen Wahl zu unterwerfen; auf die Diktatur einer revolutionären Minderheit ist solange nicht zu verzichten, bis die Gesellschaft umgestaltet ist und die neuen Institutionen errichtet sind. Über Buonarroti gingen diese Vorstellungen auf Blanqui über, und die leninistische Lehre und Praxis der Diktatur des Proletariats knüpfte wahrscheinlich an den Blanquismus an.

Die Bedeutung der Verschwörung der Gleichen und des Babouvismus läßt sich erst von unserem Jahrhundert aus einschätzen – in der Geschichte des Direktoriums stellte sie eine schlichte Episode dar. Zum ersten Mal war hier die Idee des Kommunismus zu einer politischen Kraft geworden. Dem Wunsch seines Freundes entsprechend, veröffentlichte Buonarroti 1828 in seinem Brüsseler Exil die Geschichte der *Verschwörung für die Gleichheit, genannt die von Babeuf*: ein Werk mit weitreichendem Einfluß, dem es zu verdanken ist, daß die Theorie Babeufs zu einem Glied in der Entwicklung kommunistischen Denkens und revolutionärer Praxis wurde.

›Le Bon Genre‹, Stich aus der Zeit des Directoire

Die politische Praxis: Vom direktorialen Liberalismus bis zum Autoritarismus des Konsulats

Die wirtschaftliche Depression setzte sich nach der Geldkatastrophe fort; sie sollte während des gesamten Verlaufs des Direktoriums eine schwere Belastung bleiben. Entgegen allen Erwartungen brachte auch die Abschaffung des Papiergeldes keine Ankurbelung der Wirtschaft. Die Märkte blieben öde: Die Bauern wollten jetzt verkaufen und das Angebot war reichlich, doch die Käufer entzogen sich und mit ihnen das Geld. Seit dem Ende der Inflation hatte sich die Lage umgekehrt: nun war der städtische Konsum gegenüber dem Bauern, der zu keinem Gewinn mehr kam, im Vorteil. Berichten der Verwaltungsbeamten von Paris zufolge konnten sich die Einwohner den Wunsch erfüllen, den sie unter dem Ancien Régime vergeblich gehegt hatten: »Das Brot für 8 Sous, den Wein für 8 Sous, das Fleisch für 8 Sous.«

Die Landbevölkerung dagegen klagte, weil das Getreide spottbillig geworden war: einmal mehr trug die Notlage der Bauern zur völligen Geschäftsflaute bei. Erklären läßt sich diese Depression sicherlich mit Ernteüberschüssen seit 1796 sowie dem Mangel an Metallgeld, der nach der Überfülle an Papiergeld eingetreten war. Zudem reichte die gerade in den Anfängen steckende Bevölkerungskonzentration in den Städten noch nicht aus, um durch steigende Nachfrage von landwirtschaftlichen Erzeugnissen deren Preisverluste auszugleichen. In diesem Zusammenhang haben die politischen Faktoren eine geringe Rolle gespielt. Aber die politischen Folgen dieser Wirtschaftsdepression, die drei bis vier Jahre andauerte (vom Jahre V bis zum Jahre VII und VIII), waren für das Direktorium katastrophal, und die Masse der Bevölkerung bewahrte hieran eine bittere Erinnerung. Die Landbevölkerung und die Kapitalisten erwarteten von einem politischen Wechsel den Aufschwung der Geschäfte, und die Fabrikarbeiter erhofften sich das Ende der Arbeitslosigkeit. Und welchen Grund hätten die Beamten haben sollen, ein Regime zu unterstützen, das sie nur unregelmäßig besoldete? Die Regierung Bonapartes sollte vom Konjunkturumschwung profitieren.

Unter den Bedingungen allgemeiner Unsicherheit, wie sie während der Regierungszeit des Direktoriums von 1795 bis 1799 herrschten, konnte die Verwirklichung der Verfassung des Jahres III nur als gewagt erscheinen.

Die Gewaltenteilung war wohldurchdacht: Man hatte die Exekutive ihrer Gesetzgebungsinitiative beraubt und ihren Einfluß auf die Schatzkammer unterbunden, die lokale Verwaltung war erneut dezentralisiert worden; jedoch war durch die jährliche Erneuerung der Hälfte der Gemeindebeamten, eines Drittels der Kammern, eines Fünftels der Mitglieder der Departementsverwaltungen sowie des Exekutivdirektoriums die Instabilität geradezu institutionalisiert worden: und dies zu einem Zeitpunkt, wo die Revolution noch nicht gefestigt war (so waren die Ausnahmegesetze gegen die Eidverweigerer und die Emigranten immer noch in Kraft), der Bankrott drohte und der Krieg andauerte.

Andererseits ließ der Verfassungstext des Jahres III das Direktorium auch nicht so entmachtet, wie häufig erklärt wird, zumal sich eine politische Praxis durchsetzte, durch die nach und nach die wesentlichen Züge des Konsularsystems deutlich wurden: von den Thermidorianern über die Direktorialen bis hin zu den Brumairiens behauptete sich das Regime der Notabeln, und in diesem Sinne stellt auch der Brumaire keinen Bruch dar (wie es die Legende seit der Konsulatszeit möchte), sondern eine weitere entscheidende Etappe.

Das liberale Wahlprinzip wurde von Beginn an verletzt; statt dessen bediente man sich scheinheilig des Kooptationsverfahrens: von Ausnahmegesetzen bis zu Staatsstreichen verfälschte es den verfassungsmäßigen Ablauf, um schließlich unter dem Konsulat die Wahl ganz zu ersetzen. Die Verordnung über die zwei Drittel (5. Fructidor III/22. August 1795) hielt die Thermidorianer an der Macht. »In welche Hände wird der heilige Schatz der Verfassung zurückgelegt werden?« Die Wählerversammlungen mußten zwei Drittel der neu zu wählenden Abgeordneten (500 von 700) unter den amtierenden Konventsmitgliedern aussuchen; das Dekret vom 13. Fructidor (30. August) erklärte, daß sich – da dieses Verhältnis nicht erreicht worden sei – die wiedergewählten Konventsabgeordneten durch Kooptation auf die Zahl 500 vervollständigen würden. Das hieß, daß zugunsten der Thermidorianer sowohl die alten Montagnards als auch die Opposition der konstitutionellen Monarchisten aus dem Wege geräumt waren. Am Ende waren die direktorialen Kammern mit 511 Konventsabgeordneten besetzt: die vorgeschriebenen zwei Drittel waren überschritten.

Die ›Staatsstreiche‹, die so viel für den zweifelhaften Ruf des Direktoriums geleistet haben, decken sich mit dieser politischen Linie: um die bei der Wahl eingetretenen Schnitzer wieder auszubügeln, korrigiert die Exekutive deren Resultate durch Annulierung oder Ausschluß und Kooptation. Bei den Wahlen vom Germinal V (1797), die das erste aus den Kammern ausscheidende Drittel zu ersetzen hatten, von denen die Hälfte *ständige Mitglieder* waren, wurden die Direktorialen außer in etwa 10 Departements vernichtend geschlagen: lediglich 11 Konventsabgeordnete wurden wiedergewählt. Das neue Drittel verstärkte die monarchistischen Rechte beträchtlich. Durch den Staatsstreich vom 18. Fructidor V (4. September 1797) zwang das Direktorium den Kammern Ausnahmeregelungen auf: In 49 Departements wurden die Wahlen samt und sonders für ungültig erklärt, in anderen das Ergebnis verzerrt; insgesamt wurden 177 Abgeordnete entlassen, ohne daß andere auf ihre Plätze nachrückten; von denen, die die Exekutive verschonte, legten einige ihr Amt nieder, andere nahmen sich das Leben.

Für die Wahlen des Jahres VI (1798) wurde diese Praxis noch perfektioniert und erhielt dabei Züge, die sich bis weit ins 19. Jahrhundert hinein erhalten sollten. Der Einsatz war hoch: durch die Ausschlüsse waren 437 Sitze, darunter die zweite Hälfte der *Ständigen Mitglieder* neu zu besetzen. Als Vorsichtsmaßnahme behielten sich die Kammern bereits am 12. Pluviôse VI (31. Januar 1798) offiziell die kommende Mandatsüberprüfung selbst vor: die 236 scheidenden Konventsabgeordneten machten sich gemeinsam mit den verbleibenden 297 Deputierten an die Säuberung unter den Neugewählten. Die Regierung verstärkte den administrativen Druck und bereitete sorgfältig die Wahlen vor. Diese waren gekennzeichnet durch zahlreiche Spaltungen in den Wählerversammlungen, die es dem Direktorium erlaubten, denjenigen für geeignet zu erklären, der ihm genehm war: die Direktorialen unterstützten in den Kammern einfach die von den Spalterversammlungen Gewählten und drangen auf deren Bestätigung. Die Mehrheit der Fünfhundert nahm die Liste der auszuschließenden Neugewählten an, die Alten beugten sich. Schließlich erklärte das Gesetz vom 22. Floréal VI (11. Mai 1798) die Wahlen in 8 Departements für ungültig, bestätigte die von den Spalterversammlungen in 19 Departements Gewählten und setzte 60 gewählte Richter oder Verwaltungsbeamte ab: im Ganzen wurden 106 Abgeordnete *floréalisiert* [abgesetzt].

Im Gegenzug wurden 191 Regierungskandidaten in die Kammer aufgenommen, darunter 85 Kommissare und Beamte auf Vorschlag des Direktoriums, 106 Richter und Verwaltungsbeamte, die theoretisch zwar gewählt, praktisch aber von der Regierung eingesetzt waren. Wo das Repräsentativsystem nicht schon durch Ausschluß- und Kooptationsverfahren ad absurdum geführt war, wurde es durch die offizielle Kandidatur der Agenten der Macht umgestoßen – eine Praxis, die in der politischen Geschichte Frankreichs noch lange üblich sein sollte.

Der 30. Prairial VII (18. Juni 1799) stellte weniger einen Staatsstreich als einen parlamentarischen Aufstand dar: die Kammern nahmen Rache, indem sie zwei Direktoren auf legale Weise zur Abdankung zwangen.

Der Brumaire dagegen fügt sich in die Linie vom Fructidor und Floréal ein: noch am Abend des Staatsstreichs von Bonaparte am 19. Brumaire VIII (10. November 1799) schlossen die Mehrheit der Alten und eine Minderheit der Fünfhundert »wegen der Ausschreitungen und Attentate, die sie fortwährend begangen haben«, 62 Abgeordnete aus; sie setzten per Kooptation zwei Kommissionen mit je 25 Mitgliedern ein, die beauftragt wurden, »die Veränderungen, die an den organischen Einrichtun-

gen vorzunehmen sind, deren Fehler und Unzulänglichkeiten die Erfahrung gelehrt hat« vorzubereiten. Die Scheinheiligkeit der Verfassungspraxis des Direktoriums war nicht mehr zu überbieten.
Bereits im Frühjahr des Jahres V (1797) hatte Benjamin Constant sein Werk *Des réactions politiques* veröffentlicht, worin er ›Stärke und Festigkeit der Regierung‹ forderte. Nach dem 22. Floréal hatte sich Daunou, der doch immerhin einer der Autoren der Verfassung des Jahres III war, gegen die übermäßige Häufigkeit von Wahlen ausgesprochen, da sie jedes Jahr aufs Neue alles in Frage stellten. Das Souveränitätsprinzip allerdings blieb unangetastet: die thermidorianische Bourgeoisie konnte hierauf nicht verzichten, ohne sich selbst aufzugeben und den Anhängern des Gottesgnadentums in die Hände zu arbeiten. Dieses Prinzip war also mit den Erfordernissen einer stabilen und starken Exekutive zu vereinbaren. Sieyès dachte daran, die Wahl durch Kooptation zu korrigieren: die eingesetzten Körperschaften sollten sich durch Kooptation aus dem Kreis der Notabeln rekrutieren, deren Listen wiederum vom Volk aufgestellt würden: dem Souverän, dem man heuchlerisch das allgemeine Wahlrecht einräumte.
Bonaparte konnte nur zustimmen: die Kooptation wird ein Hauptmerkmal der Konsularverfassung des Jahres VIII (24. Dezember 1799). Der Senat vervollständigt sich durch Kooptation; von Beginn an ernannte er die Mitglieder des Tribunats und der gesetzgebenden Körperschaft; später sollten die Entscheidungen auf der Grundlage von Notabeln-Listen getroffen werden, die durch allgemeine Wahl auf mehreren Stufen zustande kamen. Tatsächlich wurden diese im Jahre IX aufgestellten Listen niemals angewandt; sie wurden durch die Verfassung des Jahres X (16. August 1802) abgeschafft und durch Wahlkollegien ersetzt. »Die Prinzipien unseres neuen Wahlrechts«, erklärte Lucien Bonaparte am 24. März 1803, »beruhen nicht mehr auf Hirngespinsten, sondern unmittelbar auf der Grundlage der bürgerlichen Vereinigung sowie auf dem Eigentum, das ein Gefühl für die Erhaltung der öffentlichen Ordnung eingibt.« Bonaparte hatte es auch

schon noch einfacher erklärt: »Ich allein bin der Repräsentant des Volkes.«
Die Wiederherstellung der Zentralisation ging mit dieser Entwicklung einher. Im allgemeinen wird sie Bonaparte zugeschrieben, doch war auch sie durch die Praxis des Direktoriums vorbereitet. Die Verwaltungsorganisation des Jahres III blieb zentralisierter, als dies von ihr berichtet wird. Die kleinen Landgemeinden wurden unter der Leitung kantonaler Munizipalverwaltungen zusammengefaßt, während den großen Städten, vor allem Paris, mit dem Verlust ihrer Kommune und ihres Bürgermeisters sowie durch ihre Aufteilung in mehrere Munizipalitäten die Autonomie genommen war. Der Distrikt verschwand. Auf Departementsebene wurde die Kammer zugunsten eines aus fünf Mitgliedern bestehenden zentralen Verwaltungsorgans abgeschafft. Mit der Konzentration der Verwaltungsmacht wurden die Behörden in ein System der Über- und Unterordnung gebracht, wobei die Gemeindeverwaltungen den Departementsverwaltungen und diese den Ministern unterstellt waren. Das Direktorium war befugt, die Entscheidungen der lokalen Verwaltungen ohne Anfechtungsmöglichkeiten aufzuheben, deren Mitglieder zurückzurufen und sie im Falle vollständiger Amtsenthebung zu ersetzen, während die Kooptation beim Austausch einzelner Mitglieder die Regel war.
Die Exekutive war in jeder Departementsverwaltung oder Stadtbehörde in Gestalt eines ernannten und abberufbaren *Kommissars* vertreten. Die Kommissare des Direktoriums sorgen für die Ausführung der Gesetze, sind bei den Beratungen der Versammlungen anwesend und überwachen die Verwaltungsbeamten. Im Unterschied zu dem jährlich teilweise zu erneuernden Verwaltungsstab gewährleisten sie eine gewisse Stabilität. Darüberhinaus kündigt sich mit dem Departementskommissar, der in direkter Verbindung mit dem Innenminister steht, die Verwaltungsämter leitet und den Kommissaren bei den Stadtbehörden Weisungen erteilt, schon der spätere Konsulatspräfekt an. Die Verfassung des Jahres III billigte dem Direktorium weitere beträchtliche Vollmachten zu: es kann Verhaftungen vornehmen: ihm obliegt die Leitung der

Diplomatie, es schließt die Verträge einschließlich der Geheimverträge; es verfügt über die Armee und ernennt die amtierenden Generäle; es ist für die innere Sicherheit der Republik verantwortlich und kann Vorladungen und Haftbefehle erlassen. Wenn diese Befugnisse gegenüber der ›Zwangsgewalt‹, über die das Regime des Jahres II verfügte, auch gering erscheinen und dieses System von der Konzentration der Konsulatszeit noch weit entfernt war, so handelte es sich doch nicht mehr um die umfassende Dezentralisation der Verfassung von 1791.

In der Praxis setzte sich diese autoritäre und die Zentralisierungstendenzen noch verstärkende Grundtendenz zwar nur stockend, aber doch deutlich mithilfe von Verfassungsverletzungen durch. Nach dem Fructidor tauchten erneut die Ausnahmegerichte in Form von Militärkommissionen auf; außerdem wurde die Zentralisation durch die Annulierung von Wahlen und durch Amtsenthebungen vorangetrieben, die es in zahlreichen Departements ermöglichten, das Verwaltungspersonal entsprechend den Wünschen der Zentralgewalt zu ersetzen; diese erhielt zudem noch die Vollmacht, die Gerichte zu säubern. Der Staatsstreich vom 22. Floréal VI (11. Mai 1798) ermöglichte eine weitere Stärkung der Exekutivgewalt; über die Befugnis, die Beamtenkammern in ihrem Sinne zu besetzen hinaus beanspruchte sie auch noch das Recht, bis zum Jahre VIII die frei werdenden Stellen von Friedensrichtern und Strafgerichten zu besetzen.

Während der auf den 18. Fructidor (4. September 1797) folgenden zwanzig Monate profitierte das Direktorium von der wachsenden Stabilität und der gestiegenen Autorität; mit den Gesetzen des Jahres VII schaffte es die Grundlage für die Neuorganisation der Finanzen, die erst unter dem Konsulat verwirklicht wurde, in Ansätzen aber schon jetzt vorhanden war: Schaffung einer eigenständigen Verwaltung der direkten Steuern durch das Gesetz vom 22. Brumaire VI (12. November 1797), Rückkehr zu indirekten Steuerabgaben und Unterordnung der Schatzkammer unter die Exekutive. Es schien so, als hätte der 30. Prairial VII (18. Juni 1799) der gesetzgebenden Körperschaft die Macht über das Direktorium gegeben und

die Erneuerung des Regierungspersonals erlaubt; die Exekutivgewalt war damit jedoch weder untergeordnet noch geschwächt.
Noch blieb aber alles in der Schwebe. Nach Campo Formio setzte nur England den Krieg gegen Frankreich fort. Für die Wahrung des Friedens auf dem Kontinent, dessen Wiederherstellung schwierig genug gewesen war, hätte es einer vorsichtig taktierenden Diplomatie bedurft: das Direktorium hatte jedoch nichts anderes zu tun, als sich in eine kontinentale Expansionspolitik zu stürzen, die alle Chancen einer äußeren Stabilisierung zunichte machte und außerdem die inneren Reformbestrebungen gefährdete. Am Ende des Jahres 1798 bahnte sich die zweite Koalition an; der Krieg brach im darauffolgenden Frühjahr wieder aus, während zur gleichen Zeit die Konterrevolution im Inneren einen neuen Sturmangriff startete. Der 30. Prairial VII (18. Juni 1799) sowie der Sommerfeldzug 1799 hatten eine Verbesserung der Lage gebracht, im Frühjahr des Jahres VIII (1800) hätten Wahlen stattfinden müssen: doch ob es nun einen royalistischen oder einen jakobinischen Erfolg gegeben hätte, die Regierungsstabilität wäre möglicherweise einmal mehr in Frage gestellt worden. Der Staatsstreich vom 18. Brumaire löste das Problem.
Auf einem in Paris angeschlagenen Plakat, das *Le Moniteur* vom 24. Brumaire (14. November 1799) erwähnte, stand geschrieben: »Frankreich will etwas Großes und Dauerhaftes. Die Unbeständigkeit hat es zugrundegerichtet, nun verlangt es nach Festigkeit. Es will ein einheitliches Handeln der die Gesetze ausübenden Gewalt.« Die Verfassung des Jahres VIII übertrug dem Ersten Konsul die gesamte Exekutivgewalt und beendete dadurch die verschleierte Diktatur der Direktorialen. Auch unter diesem Gesichtspunkt erscheint das Konsulat als die Vollendung einer notwendigen Entwicklung. Die Autorität, die die Verfassung des Jahres III dem Direktorium unbestreitbar eingeräumt hatte, war unter dem Druck der Umstände sowohl von der Exekutive als auch von der Legislative zwar stets vorläufig, aber doch so beständig ausgebaut worden, daß diese Praxis schließlich zum Normalzustand

wurde. Das Konsularregime brauchte weder die Ausweitung der Ordnungsmacht noch die Ernennung von Verwaltungsbeamten und Richtern oder den Rückgriff auf Polizeimaßnahmen zu erfinden.

Die den Schwester-Republiken Holland, Schweiz und Rom aufgezwungenen direktorialen Verfassungen hatten die Exekutive schon gestärkt. Die Verfassung des Jahres VIII besiegelte endgültig den untergeordneten Status der Legislative, den das Direktorium vergeblich angestrebt hatte. Durch die Konzentration der Macht in den Händen des Ersten Konsuls, der einen einheitlichen und festen Willen repräsentierte, war es möglich, die Neuorganisation der Verwaltung mithilfe der großen Gesetze des Jahres VIII und der sozialen Stabilisierung zu vollenden, die sich das Direktorium entsprechend seiner Proklamation vom 14. Brumaire IV (5. November 1795) zum Ziel gesetzt hatte: »Die gesellschaftliche Ordnung ist an die Stelle des Chaos zu setzen, das unlöslich mit den Revolutionen verbunden ist.«

Vom Direktorium zum Konsulat verläuft, entgegen der Schönfärberei der Ereignisse durch die Legende, eine kontinuierliche Entwicklungslinie. Unter den Bedingungen des fortdauernden Krieges und der sich durchsetzenden Konterrevolution war die Konzentration der Macht eine innenpolitische Notwendigkeit der bürgerlichen Konsolidierung, falls die Gesellschaft gesichert werden sollte: mit der Übernahme der Republik aus der Hand der Notabeln sollte die Konsulardiktatur eben hierfür Sorge tragen. Zwar wollte die Brumaire-Bourgeoisie die Exekutive stärken und ein einheitliches Handeln der Regierung gewährleisten, sie war jedoch keineswegs bereit, auf die Ausübung der politischen Freiheiten, soweit sie ihr zugute kamen, zu verzichten. Die Ereignisse machten ihr einen Strich durch die Rechnung.

Staatswappen der französischen Republik

Die Französische Revolution in der Geschichte

Das Ergebnis der Revolution

Nach zehn Jahren revolutionärer Ereignisse erschien die Wirklichkeit Frankreichs von Grund auf umgestaltet.
Die Aristokratie des Ancien Régime war mit all ihren Privilegien und ihrer gesellschaftlichen Vorherrschaft zerschlagen und die Feudalität war abgeschafft. Mit der Vernichtung der gesamten feudalen Hinterlassenschaft, der Befreiung der Bauern von den seigneurialen Rechten, den kirchlichen Zehnten und in gewissem Maße auch von den Zwängen der ländlichen Gemeinschaft sowie mit der Zerstörung der Zunftmonopole und der Vereinheitlichung des nationalen Marktes bedeutet die Französische Revolution eine entscheidende Etappe im Übergang vom Feudalismus zum Kapitalismus. Ihr treibendes Moment war dabei weniger die Handelsbourgeoisie als vielmehr die Masse der kleinen unmittelbaren Produzenten, deren Mehrarbeit bzw. Mehrprodukt die Feudalaristokratie, gestützt auf den juristischen Apparat und die Zwangsmittel des Ancien Régime, an sich gerissen hatte (in dem Maße, wie die Handelsbourgeoisie ausschließlich an Handel und Zwischenhandel gebunden blieb, paßte sie sich der alten Gesellschaft an; von 1789 bis 1793 neigte sie allgemein zum Kompromiß). Die Revolte der Kleinproduzenten, Bauern und Handwerker fügte der alten Gesellschaft die wirkungsvollsten Schläge zu.
Nun hat dieser Sieg über die Feudalität nicht schon zugleich das Auftreten neuer gesellschaftlicher Verhältnisse bedeutet. Der Übergang zum Kapitalismus ist ein schwieriger Prozeß, in dem sich noch mitten in der alten Gesellschaft die kapitalistischen Elemente bis zu dem Moment entwickeln, wo sie stark genug sind, um die Schranken

niederzureißen. Es bedurfte noch einiger Zeit, bis sich der Kapitalismus definitiv in Frankreich behauptet hatte: während der revolutionären Periode machte er nur langsame Fortschritte, da das Ausmaß der Unternehmen noch sehr bescheiden und das Handelskapital im Übergewicht war. Aber der Zusammenbruch des feudalen Grundeigentums sowie des korporativen und reglementierten Systems befreite die kleinen und mittleren direkten Produzenten, beschleunigte den Differenzierungsprozeß der Klassen im Rahmen der ländlichen Gemeinschaft ebenso wie im städtischen Handwerkertum und bewirkte schließlich die gesellschaftliche Polarisierung von Kapital und Lohnarbeit. Nachdem die kapitalistische Produktionsweise so ihre Autonomie sowohl in der Landwirtschaft als auch in der Industrie gefestigt hatte, bahnte sie kompromißlos den Weg für die bürgerlichen Produktions- und Zirkulationsverhältnisse: dies bedeutete die revolutionäre Umwandlung schlechthin.

Mit den Differenzierungsprozessen in der Wirtschaft der kleinen und mittleren Produzenten sowie den Auflösungserscheinungen in Bauernschaft und Handwerk veränderte sich auch das innere Gleichgewicht der Bourgeoisie. Das traditionelle Übergewicht des erworbenen Reichtums innerhalb ihrer Rangstufen verschwand zugunsten einer Vorherrschaft der Geschäftsleute und Unternehmer. Die Spekulation, die Ausrüstung, Bewaffnung und Versorgung der Armeen und die Ausbeutung der eroberten Länder eröffneten diesen neue Möglichkeiten der Profitmaximierung. Die Wirtschaftsfreiheit ebnete den Weg für eine fortschreitende Unternehmenskonzentration. Bald gaben diese Geschäftsleute, die das Risiko lockte und denen Mut zur Initiative eigen war, die Spekulation auf und investierten ihr Kapital in der Produktion, womit sie ihren Teil zum Aufschwung des Industriekapitalismus beitrugen.

Mit der Umwälzung der ökonomischen und sozialen Strukturen zerbrach die Französische Revolution zugleich das staatliche Gerüst des Ancien Régime, indem sie die Überreste der alten Autonomien hinwegfegte und die lokalen Privilegien sowie den Provinzen eigentümlichen Rechte zerstörte. Damit ermöglichte sie in der Zeit vom

Direktorium bis zum Empire den Aufbau eines modernen Staates, der den Interessen und Forderungen der Bourgeoisie entgegenkam.

Diese unterschiedlichen Gesichtspunkte lassen die Französische Revolution keineswegs als den Mythos erscheinen, zu dem man sie machen wollte. Zweifellos entsprach die *Feudalität* in der mittelalterlichen Bedeutung des Wortes keineswegs mehr der Realität von 1789: für die Zeitgenossen aber, Bauern wie Bürger, bezeichnete dieser abstrakte Begriff eine Wirklichkeit, die sie allzugut kannten (Feudalrechte, grundherrliche Autorität) und die schließlich hinweggefegt wurde. Daß andererseits in den revolutionären Versammlungen vornehmlich Männer aus freien Berufen und Beamte saßen und nicht Unternehmer, Finanzleute oder Manufakturbesitzer, mit einem Wort: keine Kapitalisten, kann schwerlich als Argument gegen die Bedeutung der Französischen Revolution für die Errichtung der kapitalistischen Ordnung herhalten: abgesehen davon, daß letztere sehr wohl von einer kleinen, aber umso aktiveren Minderheit repräsentiert wurden, abgesehen auch vom Gewicht ihrer Interessenvertretungen (Abgeordnete des Handels, der Klub Massiac als Wahrer der Kolonialinteressen), bleibt als wesentliche Tatsache die Zerschlagung des überkommenen ökonomischen und sozialen Systems bestehen. Ebenso steht fest, daß die Französische Revolution die uneingeschränkte Unternehmens- und Profitfreiheit verkündete und mit ihrer Durchsetzung den Weg für den Kapitalismus ebnete. Die Geschichte des 19. Jahrhunderts hat gezeigt, daß sie kein Mythos war.

Französische Revolution und bürgerliche Revolutionen

Gewiß war die Französische Revolution eine notwendige Etappe im allgemeinen Übergang vom Feudalismus zum Kapitalismus, dennoch weist sie gegenüber verschiedenen ähnlichen Revolutionen unverwechselbare Merkmale auf, die sich aus der spezifischen Struktur der französischen Gesellschaft am Ende des Ancien Régime ergeben.
Diese Eigenheiten sind geleugnet worden. Die Französische Revolution sei nichts anderes gewesen als »ein Aspekt einer abendländischen oder genauer atlantischen Revolution, die kurz nach 1763 in den englischen Kolonien Amerikas ihren Anfang nahm, sich in den Revolutionen der Schweiz, der Niederlande und Irlands fortsetzte, um schließlich zwischen 1787 und 1789 Frankreich zu erfassen. Von Frankreich ist sie wieder auf die Niederlande übergesprungen, hat das deutsche Rheinland, die Schweiz, Italien erreicht« ... (J. Godechot, 1956; R. R. Palmer, 1955). Sicher darf man die Bedeutung des Ozeans für die Umwandlung der Wirtschaft und für die Ausbeutung der Kolonialländer durch das Abendland nicht unterschätzen. Doch das wollen unsere Autoren gar nicht sagen, auch nicht, daß die Französische Revolution nur eine Episode innerhalb der allgemeinen historischen Bewegung gewesen sei, die nach den niederländischen, englischen und amerikanischen Revolutionen die Bourgeoisie an die Macht gebracht hat.
Die Französische Revolution bezeichnet im übrigen nicht den geographischen Aspekt dieser Umwälzung, wie es die mehrdeutigen Qualifizierungen ›atlantisch‹ und ›abendländisch‹ nahelegen. Im 19. Jahrhundert war die Durchsetzung der kapitalistischen Ökonomie überall mit dem Aufstieg der Bourgeoisie verbunden: Die bürgerliche Revolution war von umfassender Bedeutung. Stellt man andererseits die Französische Revolution auf dieselbe Ebene mit den »Revolutionen der Schweiz, der Niederlande und Irlands ...«, dann bagatellisiert man unangemessen sowohl Tiefe und Dimensionen der Französischen Revolution als

auch den plötzlichen Umbruch, den sie darstellt. Diese Konzeption, die die Französische Revolution jedes spezifischen Inhalts in wirtschaftlicher, sozialer und nationaler Hinsicht beraubt, würde ein halbes Jahrhundert an Revolutionsgeschichtsschreibung, von Jean Jaurès bis Georges Lefebvre, für nichtig erklären.

Tocqueville indessen hatte dem Nachdenken den Weg geöffnet, als er fragte, »warum analoge Prinzipien und ähnliche politische Theorien die Vereinigten Staaten nur zu einer Veränderung der Regierung, Frankreich dagegen zu einem totalen Umsturz der Gesellschaft geführt haben.« Das Problem so stellen, heißt über den oberflächlichen Aspekt einer politischen und Verfassungsgeschichte hinauszugehen und sich zu bemühen, die ökonomischen und sozialen Realitäten in ihrer nationalen Besonderheit zu erfassen. Der Vergleich, der auf dieser Basis zwischen den Voraussetzungen und Aspekten der Veränderung in den Niederlanden, in England und den Vereinigten Staaten angestellt werden kann, erlaubt dann, klarer zu bestimmen, inwiefern die Französische Revolution deren Perspektiven überschritten hat, und ihre nicht zu schmälernde Bedeutung wiederzugeben.

Wenn die ›achtbare‹ englische Revolution von 1688 in einen sozialen und politischen Kompromiß mündete, der Bourgeoisie und grundbesitzende Aristokratie gemeinsam an die Macht brachte (und in diesem Sinne wäre diese Episode vergleichbar den französischen Ereignissen vom Juli 1830), so deshalb, weil die erste englische Revolution im 17. Jahrhundert nicht allein eine absolut herrschende Monarchie durch eine repräsentative (nicht demokratische) Regierung ersetzt hatte; sie hatte darüberhinaus der exklusiven Herrschaft einer verfolgungswütigen Staatskirche ein Ende bereitet und schon weitgehend den Weg für die Entwicklung des Kapitalismus geebnet, indem sie, mit den Worten eines ihrer neueren Historiker, »einen Schlußstrich unter das Mittelalter zog« (Christopher Hill).

Nach der Beseitigung der letzten Spuren der Feudalität und der Abschaffung der feudalen Abhängigkeitsverhältnisse war der Klasse der Grundeigentümer die absolute

Verfügungsbefugnis über ihre Güter sicher; die Beschlagnahmen und Verkäufe der Domänen von Kirche und Krone sowie der Royalisten sprengten die überkommenen Feudalbeziehungen auf dem Lande und beschleunigten die Kapitalakkumulation; die Zünfte verloren jede wirtschaftliche Bedeutung, die Handels-, Finanz- und Industriemonopole wurden abgeschafft. »Das Ancien Régime mußte gestürzt werden«, schreibt Ch. Hill, »damit England jene freiere Wirtschaftsentwicklung erfahren konnte, die notwendig war, um den nationalen Reichtum maximal auszudehnen und ihm die führende Position in der Welt einzuräumen; damit die Politik einschließlich der Außenpolitik unter die Kontrolle derjenigen kam, die innerhalb der Nation Gewicht hatten.«

Die englische Revolution war dennoch sehr viel weniger radikal als die französische, sie blieb, wie Jaurès in seiner *Histoire socialiste* schreibt, »borniert bürgerlich und konservativ«, wohingegen die französische »im weitesten Sinne bürgerlich und demokratisch« war. Hatte auch die englische Revolution ihre *Gleichmacher,* so sicherte sie doch den Bauern keine Macht über den Grund und Boden, im Gegenteil: im folgenden Jahrhundert verschwand die englische Bauernschaft. Der Grund für diesen Konservatismus ist im ländlichen Charakter des englischen Kapitalismus zu suchen, der die *gentry* [Landadel] zu einer gespaltenen Klasse machte, da sich vor 1640 zahlreiche Edelleute aktiv in der Schafszucht, der Tuchindustrie und im Zechenbau betätigt hatten. Wenn auch während der englischen Revolution mit den Gleichmachern politische Theorien aufkamen, die auf den Menschenrechten aufbauten und über Locke an die Revolutionäre Amerikas und Frankreichs weitergegeben wurden, hütete man sich in England noch, die Gleichheit und Universalität dieser Rechte zu verkünden, wie es die Französische Revolution mit großem Aufsehen tun sollte.

Wie ihre Vorgängerin zeichnet sich auch die amerikanische Revolution, wenn auch in geringem Maße, durch ihre spezifischen Erfahrungen aus. Trotz der Berufung auf das Naturrecht und trotz feierlicher Deklarationen wurden weder Freiheit noch Gleichheit umfassend anerkannt: die

Neger blieben Sklaven, und obwohl den Weißen die Gleichheit der Rechte zugebilligt wurde, blieb die auf dem Reichtum gegründete soziale Hierarchie unangetastet. Zwar wurde die ›Demokratie‹ die Regierungsform der amerikanischen Nation, ihre Bedingungen begünstigten jedoch weiterhin die Geldhonoratioren.

Die Revolutionen in England und Amerika übten trotzdem einen tiefgehenden Einfluß aus, und ihr Ansehen blieb lange Zeit erhalten: Ihr grundsätzlich konservativer politischer Kompromiß brachte es mit sich, daß die mehr an Freiheit als an Gleichheit interessierten besitzenden Klassen wieder beruhigt wurden. Ganz anders verhielt es sich mit der Französischen Revolution. Wenn sie zur erregendsten bürgerlichen Revolution wurde, die durch die Dramatik ihrer Klassenkämpfe alle vorausgegangenen Revolutionen in den Schatten stellte, dann lag dies ohne Zweifel am Widerstand der halsstarrig an ihren feudalen Privilegien festhaltenden Aristokratie, die jede Konzession verweigerte, sowie an der dadurch gewachsenen Erbitterung der Volksmassen. Die aristokratische Konterrevolution zwang die revolutionäre Bourgeoisie dazu, nicht weniger hartnäckig die vollständige Zerstörung der alten Ordnung zu betreiben. Das schaffte sie aber nur, indem sie sich mit den städtischen und ländlichen Massen verbündete, deren Wünsche dann aber nicht unberücksichtigt bleiben konnten: so wurde das Feudalsystem abgeschafft und die Demokratie errichtet.

Das politische Instrument für die Umwälzung war die sich auf die Volksmassen stützende Jakobiner-Diktatur der kleinen und mittleren Bourgeoisie: diese sozialen Schichten verfolgten das Ideal einer Demokratie kleiner eigenständiger Produzenten, d. h. unabhängiger Bauern und Handwerker, die frei arbeiten und tauschen. Die Französische Revolution wies sich damit einen einzigartigen Platz in der Geschichte der Neuzeit zu: Im Zentrum dieser bürgerlichen Revolution stand die Revolution der Bauern und Volksmassen, und von dieser wurde sie vorwärtsgetrieben.

Diese Merkmale erklären den Widerhall, den die Französische Revolution gefunden hat, und deren exemplarischen Wert für die Entwicklung der damaligen Welt. Natürlich waren es zunächst die Heere der Republik und dann die Napoleons, die in den Ländern, die sie eroberten, das Ancien Régime niederrissen – und nicht die Kraft der Ideen: Mit der Abschaffung der Leibeigenschaft, der Befreiung der Bauern von grundherrlichen Abgaben und kirchlichen Zehnten und der Wiedereinführung der unveräußerlichen Güter (Mainmorte) in die Zirkulation bereitete die französische Eroberung den Boden für die kapitalistische Entwicklung. Darüberhinaus war es die Ausdehnung des Kapitalismus selbst, der – seiner Natur nach auf Eroberung aus – dafür sorgte, daß die neuen Prinzipien und die bürgerliche Ordnung sich über die Welt ausbreiteten und überall die gleichen Veränderungen erzwangen.

Die Verschiedenartigkeit der nationalen Strukturen und der ungleichmäßige Rhythmus der Entwicklung hatten natürlich von einem Land zum anderen bestimmte Nuancen zur Folge, von denen die zahlreichen Unterschiede im Aufbau der modernen kapitalistischen Gesellschaft zeugen. Dies zeigt sich vor allem dann, wenn die Entwicklung zu kapitalistischen Produktionsmethoden gewissermaßen von oben aufgezwungen wurde; oder wenn der Übergangsprozeß auf halbem Wege unterbrochen und die überkommene Produktionsweise damit eher geschützt als zerstört wurde: für solche Kompromißbildungen liefert die Geschichte des 19. Jahrhunderts bezeichnende Beispiele. Im Vergleich dazu tritt der nicht zu unterschätzende Charakter der Französischen Revolution nur noch deutlicher hervor.

Die nationalen Einheitsbewegungen im Europa des 19. Jahrhunderts müssen in vielerlei Hinsicht als bürgerliche Revolutionen angesehen werden. Wie bedeutsam auch immer der nationale Faktor im Risorgimento* oder in der deutschen Einheitsbewegung gewesen sein mag, die nationalen Kräfte hätten niemals zur Schaffung einer modernen Gesellschaft und eines einheitlichen Staates führen können, wäre die innere ökonomische Entwicklung nicht auf

---

* (italienisch: ›Wiedererhebung‹); seit Anfang des 19. Jahrhunderts in Italien Bezeichnung für die Einigungsbestrebungen.

dasselbe Ziel zugesteuert. Alle in der historischen Analyse auftretenden Schwierigkeiten und zahlreiche Verwirrungen rühren daher, daß diese Bewegungen im Gegensatz zur Französischen Revolution einen gemischten Revolutionstyp darstellen, der zugleich von nationalen und sozialen Elementen bestimmt wird.

Bei einem seiner Arbeitspläne im Gefängnis notierte Gramsci folgenden Arbeitstitel: »Das Fehlen des Jakobinismus im Risorgimento«. Indem er den Jakobinismus vor allem durch das Bündnis der revolutionären Bourgeoisie mit den Bauernmassen definiert, unterstreicht Gramsci, daß das Risorgimento als bürgerliche Revolution keine ebenso radikale Revolution darstellte wie dank den Jakobinern die französische; diese Einschätzung bedeutete, das Problem des ökonomischen und sozialen Gehalts in beiden Revolutionen zu stellen. In dem Maße, wie das Risorgimento die Revolution der Volksmassen und vornehmlich der Bauern ›verfehlt‹ hat, wie es Gramsci ausdrückt, entfernt es sich auch von der bürgerlichen Revolution klassischen Typs, deren Modell die Französische Revolution ist. Für die Weigerung der italienischen Bourgeoisie, sich während der Einigungsepoche mit der Bauernschaft zu verbünden, d. h. das revolutionäre Bündnis schlechthin einzugehen, sowie für den Kompromiß, der in der Folgezeit bei der Verwirklichung der nationalen Einheit zwischen Feudalaristokratie und kapitalistischer Bourgeoisie geschlossen wurde, müssen die Ursachen ein halbes Jahrhundert zuvor in den Lösungen für das Agrarproblem gesucht werden.

Durch die Reformen, die am Ende des 18. und zu Beginn des 19. Jahrhunderts vor allem während der französischen Okkupation – allerdings je nach Region verschieden – der italienischen Einheit vorausgingen, wurde zwar das grundherrliche Regime abgeschafft, doch konnte nicht verhindert werden, daß der Aristokratie innerhalb der modernen italienischen Gesellschaft ein beträchtlicher Grundbesitz verblieb. Während das französische Bauerntum sich infolge der Revolution unwiderruflich spaltete, verharrte die Masse der italienischen Bauern in der Situation eines an die Scholle gebundenen landwirtschaftlichen Arbeiters oder Halbpächters: die alten Abhängigkeitsbande existierten weiter. In Frankreich hatte die revolutionäre Bourgeoisie schließlich den Kampf der Bauern gegen die Feudalität unterstützt und das Bündnis bis zu deren völliger Beseitigung aufrechterhalten – in Italien formierte sich gegen die Bauernmassen der vereinigte Block von grundbesitzender Aristokratie und kapitalistischer Bourgeoisie. Die italienische Einheit konservierte auf der Basis des Grundeigentums aristokratischen Typs die Unterordnung der großen Bauernmehrheit unter das oligarchische System aus Großgrundbesitz und Großbourgeoisie. Für die gemäßigten Liberalen, die diese Einheit schmiedeten, und an ihrer Spitze für Cavour, dessen bloßer Name allein schon für diese Interessengemeinschaft steht, kam es nicht in Frage, etwa den Weg der Französischen Revolution einzuschlagen: die Erhebung der Bauernmassen hätte ihre politische Vorherrschaft gefährdet.

Dies hatte beträchtliche Konsequenzen für die Herausbildung des italienischen Kapitalismus. Im Unterschied zu Frankreich entwickelte sich in Italien nicht jene breite Schicht freier und unabhängiger Eigentümer, die für den Markt produzierten; vielmehr überwog weiterhin die Naturalrente, was seinerseits wiederum die Abhängigkeit der Produktion vom Markt und vom Handelsprofit andauern ließ. Damit ist der italienische Weg des Übergangs zum Kapitalismus als ein Weg gekennzeichnet, der die Unterordnung des industriellen unter das Handelskapital aufrechterhielt; als ein Weg des Kompromisses, der zu einem oligarchischen Kapitalismus mit monopolistischer Tendenz führte.

Ein ähnlicher Prozeß vollzog sich unter im übrigen anderen Umständen bei der Einigung Deutschlands. Betrachten wir ein außereuropäisches Beispiel, nämlich Japan, wo die Meiji-Revolution den Ausgangspunkt für die Bildung der kapitalistischen Gesellschaft darstellt, wodurch sie sich mit der Grundlinie der Französischen Revolution in Übereinstimmung befindet. Nach ihrem Beginn im Jahre 1867 führt sie nach einer zehnjährigen Periode der Unruhen zur Auflösung des alten Feudalregimes und zur Modernisierung des Staates. Den von außen eindringenden Kräften wäre es schwerlich gelungen, die japanische Gesellschaft zu modernisieren, hätte die innere ökonomische Entwicklung nicht dasselbe Ziel angesteuert: das kapitalistische Produktionssystem entwickelte sich, mit anderen Worten, schon innerhalb der Feudalwirtschaft Japans. Der spezifische Charakter der Meiji-Revolution erklärt sich vornehmlich aus der Übereinstimmung dieser inneren Entwicklung mit dem äußeren Druck.

Die Analyse dieses historischen Prozesses hat natürlich vorrangig den Feudalismus der ausgehenden Tokugawa-Dynastie und die strukturelle Krise zu bestimmen, der Japan seit dem 18. Jahrhundert ausgesetzt war. Am Vorabend der Revolution offenbarte sich immer stärker die Opposition der Bauernschaft, vor allem der mittleren Bauern sowie der kleinen und mittleren Fabrikanten gegenüber dem monopolistischen System der Großhändler und Finanzleute; diese hatten sich mit den Grundherren und den Großbauern mit Grundbesitz *(jinushi)*, die nicht selbst anbauten und Naturalrente erhoben, verbündet. Die »Öffnung« des Landes unter dem Druck der Vereinigten Staaten und Europas beschleunigte zwar die Entwicklung, verzögerte aber zugleich den eigenständigen Reifungsprozeß der inneren ökonomischen und sozialen Bedingungen, der zur bürgerlichen Revolution notwendig ist.

Die Beseitigung des grundherrlichen Regimes geschah auf dem Wege eines Kompromisses: die Feudalrechte wurden, anders als in Frankreich, nur nach Zahlung einer Entschädigung aufgehoben; deren Last fiel am Ende erneut auf die Bauern, die nun den Grundsteuern in Geld unterworfen waren *(chiso)*. Die Bauern mit Grundbesitz *(hon-byakusho)* wurden von den feudalen Abhängigkeitsverhältnissen befreit, mußten aber weiterhin diese neuen Steuern zahlen, die sich in etwa mit den alten grundherrlichen Naturalabgaben deckten. Im übrigen hatten sie nicht wie die französischen Bauern durch den Kauf von Nationalgütern Gelegenheit, Land zu erwerben. Japan kannte weder den Landmann »mit Einspänner« noch jene wohlhabenden Bauern vom Typ der *Kulaken*. Was die Mehrheit der Bauern betrifft, nämlich die landwirtschaftlichen Tagelöhner *(mizunomi)*, aber auch die kleinen Pächter *(kosaku)*, so stellte deren Befreiung eine reine Farce dar: waren die Großgrundbesitzer *(jinushi)* dank der Agrarreform zu wirklichen Eigentümern ihrer Ländereien geworden und damit zur Zahlung ihrer Steuern in Geld verpflichtet, so entrichteten die unmittelbaren Bearbeiter des Bodens *(kosaku)*, weit davon entfernt, frei zu sein, weiterhin den *jinushi* die jährliche Naturalrente. So behaupteten sich unter dem Schutz des Staates und seiner Zwangsmittel die traditionellen Abhängigkeits- und Ausbeutungsverhältnisse der *kosaku*.

Die durch die Meiji-Revolution ›befreiten‹ Kleinbauern und Pächter können daher nicht mit den freien und selbständigen Eigentümer-Bauern verglichen werden, die in Europa durch die Auflösung des feudalen Grundbesitzes entstanden waren: In Japan gab es weder kleine Gutsbesitzer *(yeomanry)* wie in England, noch eine bäuerliche Mittelschicht wie in Frankreich oder *Junker* wie in Preußen. Die japanischen Bauern waren dem oligarchischen System der privilegierten Großbourgeoisie und den Grundbesitzern halb-feudalen Typs *(jinushi)* unterworfen: die neue kapitalistische Gesellschaft bewahrte im Kern die feudalen Produktionsbeziehungen. Hierin sowie in den besonderen Umständen der Öffnung des Landes unter ausländischem Druck liegt die Erklärung dafür, warum die Meiji-Revolution zur Bildung einer absolutistischen und oligarchischen Monarchie führte – im Unterschied zur Französischen Revolution, die den absolutistischen Staat zerstörte und die Errichtung einer bürgerlich-demokratischen Gesellschaft ermöglichte. Trotz der Entfaltung des modernen Kapitalismus blieben jene feudalen Überreste bis zur Agrarreform von 1945 *(nochi kaikaku)* bestehen, die sich gerade eben die Befreiung »der seit mehreren Jahrhunderten von den feudalen Lasten unterdrückten japanischen Bauern zur Aufgabe gemacht hatte«: dies erweist nachträglich – in den Worten von K. Takahashi –, daß »die Meiji-Revolution und deren Agrarreformen die historische Aufgabe der bürgerlichen Revolution, d. h. die Abschaffung der feudalen Wirtschafts- und Sozialbeziehungen, nicht vollbracht hatten.«

Dies alles weist der Französischen Revolution eine Sonderstellung in der damaligen Geschichte zu. Als klassische bürgerliche Revolution bildet sie durch die Abschaffung des seigneurialen Regimes und der Feudalität den Ausgangspunkt für die kapitalistische Gesellschaft und die liberale Demokratie innerhalb der Geschichte Frankreichs. Als Revolution der Bauern- und Volksmassen mit kompromißlos antifeudaler Stoßrichtung versuchte sie zweimal, die ihr gesetzten bürgerlichen Schranken zu überwinden: einmal durch den Versuch im Jahre II, der trotz des notwendigen Scheiterns lange Zeit seinen exemplarischen und prophetischen Wert behielt; zum anderen während der »Verschwörung der Gleichen«, jener Episode, die am Beginn des zeitgenössischen revolutionären Denkens und Handelns steht. Damit erklären sich zweifellos all die vergeblichen Anstrengungen, die historische Bedeutung oder die nationale und soziale Besonderheit der Französischen Revolution als gefährlichem Präzedenzfall zu leugnen. Damit erklärt sich freilich auch der Schauder, den die Welt spürte, und das Echo, das die Französische Revolution im Bewußtsein der Menschen unseres Jahrhunderts ausgelöst hat. Diese Erinnerung bereits ist revolutionär: sie begeistert uns noch immer.

Joachim Heilmann, Dietfried Krause-Vilmar
Zum deutschen Jakobinismus

In der deutschen Geschichtsschreibung des 19. Jahrhunderts hat es zwar vereinzelt – und dann überwiegend in lokalgeschichtlichem Rahmen – Forschungen zur Französischen Revolution gegeben, die von antiliberalen und antidemokratischen Ressentiments frei waren; im ganzen aber war die vorherrschende Tendenz der monarchisch-obrigkeitsstaatlich gesonnenen Historiker, insoweit sie die durch Lehrstühle an den Universitäten vertretene deutsche Geschichtswissenschaft repräsentierten, die der Ignoranz oder der moralischen Disqualifizierung der Inhalte und Kämpfe der Französischen Revolution. Die Revolutionsgeschichte einer unmittelbar benachbarten Nation, welche die Volkssouveränität erkämpft, den Monarchen vor das Tribunal des Volkes gezogen, verurteilt und hingerichtet hatte, welche deutsche Fürsten aus ihren vermeintlich angestammten Landen vertrieben hatte, einer Nation, in der die Volksmassen ihre Eigentumskritik bis hin zur staatlichen Zwangswirtschaft realisierten, einer Nation schließlich, deren Schuster, Schneider und Handschuhmacher die friderizianisch gedrillten deutschen Linienregimenter bei Valmy und Jemappes in die Flucht schlagen konnten – sie verdiente zwar als abschreckendes Beispiel erwähnt und behandelt zu werden; eine vorurteilsfreie wissenschaftliche Analyse der ökonomischen und sozialen Voraussetzungen der Revolution und ihrer Kriege ist von den deutschen Historikern des 19. Jahrhunderts nicht unternommen worden – Ansätze dazu blieben vielmehr wenigen demokratisch gesonnenen »Außenseitern« wie *Wilhelm Blos, Karl Kautsky* und *Heinrich Cunow* vorbehalten[1].

Der allgemeinen revolutionsfeindlichen Grundeinstellung entsprach auch das Maß an Aufmerksamkeit, das die historische Wissenschaft in Deutschland lange Jahrzehnte der *französischen* Revolutionsforschung entgegenbrachte:

die Übersetzung des ersten großen liberaldemokratisch orientierten Werkes der neueren Zeit – *Aulards* »Politische Geschichte der Französischen Revolution«[2] – erschien in Deutschland erst 23 Jahre später. Während die Arbeiten konservativer und reaktionärer französischer Historiker (wie z. B. diejenigen von *H. Taine* und *P. Gaxotte*) fleißig ins Deutsche übersetzt wurden, waren 25 Jahre notwendig, bis eine deutsche Fassung des zweiten großen demokratisch orientierten Werkes, der Darstellung von *Mathiez/Lefebvre*[3], erscheinen konnte.

Von den zahlreichen Monographien der jüngsten Etappe der französischen Revolutionsforschung liegt in deutscher Sprache lediglich eine Kurzfassung der Arbeit von *A. Soboul* über die Pariser Sektionen[4] und die Darstellung von *G. Rudé*[5], der in engem Zusammenhang mit *Lefebvre* und *Souboul* gearbeitet hat, vor.

Der jüngste Literaturbericht von *H.-O. Sieburg* ist vor allem dadurch gekennzeichnet, daß er gegenüber den Ergebnissen der französischen Revolutionsforschung, vor allem denjenigen marxistischer Historiker, die von der aktiven Rolle der *classes populaires* ausgehen bzw. diese nachweisen, die vornehme Reserve des zweifelnden Gelehrten zeigt. So hält er z. B. *G. Rudé* vor, dieser zeige »eine oft sehr einseitige Verherrlichung seines kollektiven Helden, des ›Peuple‹«; die »Vernachlässigung der älteren deutschen Forschung (führe) dazu, daß ein auch für die Erkenntnis des Massenproblems in der französischen Revolution so gewichtiger Beitrag, wie er sich in *H. v. Sybels* ›Geschichte der Revolutionszeit‹ darstellt, völlig unberücksichtigt bleibt ...« (S. 325 f.). – *Sybels* Beitrag hingegen zum »Massenproblem« erschöpft sich in der Variation von Verbalinjurien aus dem obrigkeitsstaatlichen Sprachschatz: »rasende Pöbelherrschaft«, »Pöbelgewalt«, »Banditen des 6. Oktober«, »Schreier der Hallen« oder: »aus dem innersten Wesen ihrer [i. e. Pöbelherrschaft] Natur ... entsprang ... der communistische Despotismus, dem sie das eigene Volk unterwarf[6].«

Der geringen Beachtung, mit der die ältere Historikergeneration in Deutschland die Französische Revolution bedachte, entsprach nicht selten die bereits Ende des 18.

Jahrhunderts anzutreffende Vorstellung, es habe allein an der »Verkommenheit« der französischen Verhältnisse gelegen, daß derartige Revolutionsexzesse geschehen konnten, und in den deutschen Landen sei durch eine kluge Reformpolitik aufgeklärter Fürsten die ganze »Revolutionskrankheit« vermieden worden.

Von dieser Auffassung her ist es dann folgerichtig, wenn die Avantgarde der bürgerlichen Revolution im eigenen Lande, die *deutschen Jakobiner,* gründlicher Untersuchung nicht würdig erscheinen[7]. Fixiert blieb der Blick haften auf den zumeist militärischen Haupt- und Staatsaktionen Friedrichs II. und Maria Theresias, um dann das Hl. Römische Reich deutscher Nation in großem Schwung wohlbehütet über die sittlichen und politischen Gefahren aus dem Westen hinüberzuheben zu den sogenannten Freiheitskriegen. Einen Napoleon, zumal mit der Kaiserkrone, konnte man wieder verstehen, ernst nehmen und bekämpfen.

Die Arbeiten von *F. Stern, J. Droz* und *M. Boucher* haben inzwischen den Einfluß der Französischen Revolution auf das deutsche *Geistesleben* aufgewiesen. Es ist bekannt, wie schnell das liberale, antiaristokratische Engagement 1792/93 angesichts des französischen Jakobinerstaates sein Profil verlor, und wie mehrheitlich die konservative Grundhaltung herausgekehrt wurde. Gerade diese Haltung aber unterschied die »liberalen« Konstitutionellen von den deutschen Demokraten. Jakobinisch »schließt den Willen zur Demokratie als auch seine Verwandlung in die Tat ein, die in klassischer Vollendung nur die französischen Jakobiner 1793 an der Spitze der Volksmassen erreichten«[8].

Diese Bestimmung verdanken wir *Heinrich Scheel*, der die erste umfassende Monographie über die süddeutschen Jakobiner vorgelegt hat.[9] In seiner umfassenden Arbeit gelingt es ihm, die Bedeutung der *classes populaires* für den Revolutionsprozeß konkret nachzuweisen und damit überhaupt erst die Voraussetzungen für eine historisch-wissenschaftliche Gesamtanalyse bereitzustellen. Scheel hat umfassende Vorarbeiten sowohl zur französischen Revolutionsgeschichte als auch zur sozioökonomischen Verfassung des deutschen Reiches im ausgehenden 18. Jahrhundert durchführen müssen. Seine Arbeit ist ein Beitrag zur Erforschung der sich durchsetzenden kapitalistischen Gesellschaft, der Herausbildung der bürgerlichen Klasse in Deutschland und der Entstehung der deutschen Nation.[10]

Die Darstellung setzt nach einem gründlichen Einführungskapitel (»Die sozialökonomischen Verhältnisse und die Verschärfung der Klassenkämpfe nach dem Beginn des Reichskrieges«) im Jahre 1793 mit der weitverbreiteten Kriegsunwilligkeit der feudalunterworfenen Volksmassen ein. »Wenn die Franzosen kommen«, wurde rundheraus in einer Gemeindeversammlung geäußert, »so nehmen wir, was uns in die Hand gerät, kehren aber den Stiel um und schlagen zuerst die Herren tot.« Die angesichts der allerorten sich verschärfenden Widersetzlichkeiten notwendig gewordene Aushebung durch Militärkommandos vermochte ebensowenig auszurichten wie das inszenierte Volksbewaffnungsprojekt »für Religion, Ordnung und Verfassung«. Dort, wo die Untertanen einmal begriffen hatten, daß es galt, französische Verhältnisse zu schaffen, konnte eine Volksbewaffnung ganz unerwartete Folgen zeitigen. Im allgemeinen gelangten die Massen freilich noch nicht zu dieser Einsicht – verbreiteter war der Unwille an dem verhaßten und sinnlosen Krieg, der sich in antifeudalen Sentiments und lokal begrenzten antifeudalen Aktionen artikulierte, die gleichwohl – wie Scheel nachweist – zur spürbaren Waffenhilfe für die französischen Revolutionsheere wurden.

Zunächst weitgehend von den Aktionen der Volksmassen isoliert – für ein schwach entwickeltes Bürgertum wie das deutsche zu jener Zeit ist es charakteristisch, daß das Bündnis mit den classes populaires nur punktuell hergestellt werden konnte – operierten verschiedene jakobinische Zirkel, die mit dem Konvent, dem Direktorium und/oder deren Abgesandten in enger Beziehung standen. Einige kämpften – zum Teil als Agenten – für den Sieg der französischen Waffen, da sie im französischen Sieg die Voraussetzung für eine deutsche Demokratie sahen. Hinsichtlich einer deutschen Revolution aber hatten sie sich von Anfang an volle Unabhängigkeit ausbedungen. Es ist bemerkenswert, daß einige dieser revolutionären Demokraten die soziale Bedeutung der Thermidorwende klar erkannten (Brief Popps vom 11. III. 1795: »Glaubt ihr nicht, daß der gegenwärtige Moderantism in Frankreich ... Schlaffheit hervorbringen, die Republikanergründe verdrängen und so nach und nach Monarchie wieder herstellen könne? O – ein gräßlicher Gedanke!«), obwohl die Thermidormänner wie auch später das Direktorium aus machtpolitischen Erwägungen die Revolutionsdrohung nach außen hin bis zu einem Zeitpunkt aufrechterhielten, an dem sie diese nicht nur nicht mehr wahr machen wollten, sondern auch gar nicht mehr konnten.

Neben Straßburg (C. F. Cotta), Würzburg (Popp), Gießen (Damm) und natürlich Mainz[11] bildete Nürnberg das eigentliche Zentrum; eine Stadt, in der die Bereitschaft zur Zusammenarbeit mit Frankreich bis in die Kreise des besitzenden Bürgertums hineinreichte. In Württemberg bereitete im Frühjahr 1796 eine Gruppe um den Kaufmann G. F. List aktiv die Schaffung einer süddeutschen Republik vor – als Vorstufe zur deutschen Republik. List und seine Freunde mußten mit der wiedererstarkten französischen Großbourgeoisie notgedrungen bis zur siegreichen deutschen Revolution zusammenarbeiten; sie mußten deren politisch-militärische und ökonomische Interessen in Rechnung stellen; aber sie dachten nicht im Traum daran, sich französischen Interessen zu unterwerfen: »Man wird den vereinigten Deutschen das Recht lassen und gesteht ihnen zu, sich selbst zu regieren und Gesetze zu machen ... überdies soll ihnen in allen Punkten die vollkommene Unabhängigkeit zugestanden sein, dergestalt, daß sie alle Teile der Regierung des Landes mit und durch sich selbst zu besorgen haben« – so lautete, was immer daraus einmal geworden wäre, eine französische Instruktion an mit den deutschen Demokraten kooperierende französische Emmissäre. Für die deutschen Jakobiner mußte die Frage, inwieweit sie mit französischer Unterstützung rechnen konnten, über alles entscheiden. Nichts hatten sie mehr zu fürchten – und Scheel weist nach, daß sie sich dessen bewußt waren – als den Separatfrieden, in dem sie nur das Paktieren der französischen Republik mit den deutschen Feudalherren unter Aufrechterhaltung des gesellschaftlichen Status quo im Reich zu sehen vermochten.

Die weitere Entwicklung von 1796 bis 1799 läßt sich zusammenfassend als zunehmendes Desinteresse Frankreichs – bis hin zum offenen Verrat – an den Bestrebungen der deutschen Jakobiner kennzeichnen. Die plebejische Manier von 1793 war abgelegt, der alte Adam kam wieder zum Vorschein. Im Zuge der seit 1796 einsetzenden unverhüllten Raub- und Eroberungspolitik wurde aus der demokratischen Revolutionsarmee wieder eine Söldnertruppe fest in der Hand der herrschenden Bourgeoisklasse. Das Direktorium befahl seinen Armeeführern, die besetzten Länder ohne jede Rücksicht auszuplündern, wobei neben dem Interesse an unmittelbarer Bereicherung auch das am zukünftigen süddeutschen Absatzmarkt eine Rolle spielte. Doch so heruntergekommen die französischen Armeen auch waren, in ihrem antifeudalen Kampf repräsentierten sie den historischen Fortschritt.[12] Ein Fortschritt allerdings, der den fatalen Widerspruch in sich trug, daß er zugleich antidemokratischen und imperialen Zwecken diente. Diese Lage versetzte die deutschen Demokraten in ein schweres Dilemma, und Scheel zeigt, wie verschieden sie darauf reagierten. Viele unter ihnen setzten weiterhin auf den französischen Sieg, andere entwickelten Vorstellungen von einem national-sozialen Befreiungskampf.

Erstaunlich ist, daß bei den spontanen und begrenzten Selbsthilfemaßnahmen der Bauern gegenüber marodierenden französischen Einheiten die antifeudale Grundhaltung gewahrt blieb. Nicht selten kehrten sie bei der nächsten Gelegenheit ihre freiwillig ergriffenen Waffen mit gestärktem Selbstbewußtsein gegen die eigenen Herren. Hier hatte – trotz so günstiger Ausgangslage für die Reaktion – jeder Versuch, die Bauern für feudale Interessen einzuspannen, seine Grenze.

Die nächste Gelegenheit, das waren – wenn man die Phase des Aufschwungs der bürgerlich-liberalen Bewegung 1796/97 in Württemberg, die keine grundlegenden

Erfolge erreichte, überspringt – die Fanfarenstöße aus der Schweiz im Frühjahr 1798. Die Helvetische Republik hatte zunächst alle personalen Feudalleistungen abgeschafft. Unter dem sich rapide verschärfenden Druck der Volksmassen sah sich der Herzog von Württemberg zu Scheinreformen genötigt, rührte sich in Bayern verstärkt die bürgerliche Opposition mit zahlreichen Flugschriften und Projekten. Wieder griff man den Plan zur Schaffung einer süddeutschen Republik aktiv auf und setzte nun – von Frankreich desillusioniert, wiewohl auf Duldung zumindest angewiesen – auf Hilfeleistung aus der Schweiz. Da aber das helvetische Direktorium fester ins französische Schlepptau genommen wurde, und da die französische Außenpolitik sich stärker an der Bildung eines Bundes deutscher Mittelstaaten orientierte, konnte dieses Vorhaben nicht verwirklicht werden. Aus eigner Kraft hätten die deutschen Revolutionäre dieses Werk nicht in Szene setzen können. Mit dem Machtantritt Napoleons wurden endgültig alle Hoffnungen auf eine deutsche demokratische Republik begraben.

Die Arbeit von Scheel, die sich auf Süddeutschalnd beschränkt, fand eine wichtige und in gleicher Weise ertragreiche Fortsetzung für die norddeutschen Länder durch *Walter Grab*[13]. Methodologisch kündigte sich mit den Grab'schen Studien – im Gegensatz zu den im Jahre 1966 noch bestimmenden Tendenzen der westdeutschen Geschichtsschreibung – der Anspruch einer differenzierten sozialgeschichtlichen Analyse an, der für die Erforschung der Französischen Revolution durch die genannten Arbeiten von Mathiez, Lefebvre, Rudé und Soboul bereits eingelöst ist.

Während das der Gironde verbundene liberale Großbürgertum der Hansestadt Hamburg bereits Ende 1792 – mit dem Machtzuwachs der Montagne im Pariser Konvent – sich entschieden von den revolutionären Zielen der Französischen Republik distanzierte, identifizierten sich die Demokraten – damals gleichbedeutend mit »Jakobiner« –, wie Grab an Hand ihrer Flugschriften, Zeitungen und Theaterstücke nachweist, bis weit über den Thermidor hinaus mit der Jakobinerherrschaft. Zentrales Argument war für sie die Gegenüberstellung der »im Interesse des Volkes durchgeführten Maßnahmen der Jakobiner ... mit der Rechtlosigkeit der Bevölkerung in den deutschen absolutistischen Staaten«. Es war ihnen ausgemachte Sache, daß die Diktatur des Wohlfahrtsausschusses lediglich Defensivcharakter trug gegen das intervenierende Ausland und die royalistisch-klerikalen Verschwörungen im Innern. Die von der liberalen und konservativen Presse (mit der Absicht, die Revolution auf das Problem des Terrors zu reduzieren) immer wieder aufgetischten Exzesse hoben sie – als Untaten Einzelner – scharf ab von den demokratischen Prinzipien der Revolution.

Dieses Festhalten an den demokratischen Errungenschaften mußte den radikalen Flügel der norddeutschen Jakobiner nach dem Thermidor – als die französische Außenpolitik, das von Robespierre proklamierte Selbstbestimmungsrecht der Völker mißachtend, nationale Expansion auf ihre Fahnen schrieb – in Gegnerschaft zur Direktorialregierung und zu Bonaparte bringen. Das Problem stellte sich vor der Schaffung der Cisrhenanischen Republik: Annexion oder selbständiger Staat? Die Schärfe, mit der die Debatte darüber unter den Demokraten Rebmann und Schütz geführt wurde, stellt in der Tat »einen Höhepunkt an Revolutionsgeist und radikaler Gesellschaftskritik« dar. Schütz setzte – die geringe Revolutionsbereitschaft in Deutschland vor Augen – auf die Annexion, um zumindest in einem Teil Deutschlands die Umwälzung zu vollziehen. Der nach Paris emigrierte Rebmann – die Thermidorwende richtig einschätzend (»Die Franken werden euch nicht revolutionieren, sondern eure Länder ... benutzen, um ihre Armeen gut zu verpflegen.«) – mußte auf die Selbstbefreiung der Deutschen vertrauen und dabei »die Schranken, die von der Gesellschaft objektiv und subjektiv gezogen waren, visionär ... durchbrechen«.

Erfreulich ist, daß inzwischen Texte aus dem deutschen Jakobinismus und seinem Umfeld, der Aufklärungsbewegung, wieder zum Abdruck gelangt sind, von denen einige hier vorgestellt werden sollen.

Die von *J. Hermand* zusammengestellte Textauswahl[14] ist für eine erste nähere Bekanntschaft mit dem Gegenstand sicher von Nutzen. Wer kennt schon G. A. Bürgers Votum zum Reichskrieg gegen die Franken, das so anhebt: »Für wen, du gutes deutsches Volk / Behängt man dich mit Waffen? / Für wen läßt du von Weib und Kind / Und Herd hinweg dich raffen? / Für Fürsten- und für Adelsbrut / Und fürs Geschmeiß der Pfaffen?« Bürger hat auch einen hervorragenden Essay über die englische Umwälzung von 1649 geschrieben, der von der Gewißheit getragen ist, daß deren Niederlage niemals endgültig sein wird: »Dennoch mißbilligt die Vernunft keineswegs das aus den matten Widerstrahlen von der Phantasie zusammengeahndete Bild, und sie verbeut auch alsdann noch die Verspottung derselben, wenn schon der folgende Tag eine ganz andere Gestalt der Dinge aufklärt.« Beeindruckend ist auch der unverkennbar jakobinische »Wiederholte Aufruf an die deutsche Nation«, der für die revolutionäre Leidenschaft und politische Klarsicht des unbekannt gebliebenen Verfassers aus dem Ansbachschen ein glänzendes Zeugnis ablegt: »Ihr, deutsche Bürger, bestreitet eine Nation, eure Nachbarin, welche für Freiheit, für Menschenrechte, fürs Volksglück kämpft, damit auch ihr von euren Fürsten in den nämlichen Abgrund hinabgeschleudert werdet, aus welchem sich eure Nachbarn mit so vieler Mühe herauswinden.«

Knigges »Wurmbrand«[15] ist im Februar 1792, also in der noch monarchisch-konstitutionellen Vorkriegszeit, verfaßt. In den europäischen Monarchien rüstete man bereits ideologisch zum Kriege. Freijournalistische und professoral-beamtete Parteigänger der Höfe in Wien und Berlin verketzerten jene bürgerlich-liberalen Gruppierungen, die die *Konstitutionalisierung* der französischen Monarchie lebhaft begrüßt hatten. Zu diesen profranzösischen Kreisen war auch der Freiherr gestoßen. Die große Leistung des damals in vielen deutschen Ländern, ja selbst in der Schweiz gelesenen – und sehr bald von der Zensur kassierten – »Wurmbrand« liegt einmal in der argumentativen Schärfe und Gradlinigkeit des Eintretens für die französische Umwälzung, zum andern in der – den Ereignissen vorgreifenden – Kritik der militärischen Intervention seitens der alten Mächte zugunsten Louis Capets; einer Kritik, die bereits gewisse Vorstellungen von politischer Demokratie implizierte: »Nichts kömt mir alberner vor, als wenn man sich in moralischen und politischen Gemeinsprüchen über die Befugnisse und Nichtbefugnisse einer ganzen Nation, ihre Regierungsform zu ändern ergießt; wenn man darüber raisonniert, *was* ein Volk, wenn es sich empört, hätte thun sollen, und *wie* es hätte besser und gelinder handeln können und sollen, und ob zu viel oder zu wenig Blut dabey vergossen worden.«

Freilich waren vor der I. Französischen Republik bei den kritischen Denkern noch altständische, liberale, teilweise auch aufgeklärt-absolutistische Theoreme eng mit prädemokratischen Gedankenreihen verbunden – es fehlten ja die praktischen Erfahrungen mit den Konstitutionalisten und der Gironde! So gilt Knigge der königliche Majordomus Lafayette noch als »einer der edelsten Männer in der Welt«. Und Knigge betrachtet – wie viele seiner Gesinnungsfreude – die Französische Revolution als »unvermeidliche Folge vorhergegangener Misbräuche«. Knigge bleibt dabei ganz konkret: Er spricht von dem »blutdürstigen Ludwig dem Eilften«, verweist auf die Regenseiten des Sonnenkönigs (»Jeder Staat, der seinem niedrigen Hochmuthe ein Opfer versagte, wurde von ihm genekt, angegriffen und von seinen Räuber- und Banditenheeren zu einem Schauplazze grausamer Ermordungen, Verheerungen und Mordbrennereyen gemacht«, schilt die »Inkonsequenzen und Abscheulichkeiten« der Regierung Ludwigs XV. und nennt den derzeit herrschenden Ludwig den »armen, gutmüthigen«.

G. F. Rebmanns »Kosmopolitische Wanderungen«[16] erschienen im Jahre I der Gleichheit (1793) – nach der Hinrichtung des vorläufig letzten Louis und mitten im ersten großen Krieg des französischen Volkes gegen das monarchische Ausland. Die profranzösische Begeisterung der *gebildeten Welt* im Deutschen Reich war nunmehr erheblich abgeflaut, mehrheitlich gar ins Gegenteil umgeschlagen. Um so mehr Beachtung verdient das Fähnlein der aufrechten bürgerlichen Demokraten, die nicht nur weiterhin in ihren Heimatländern mit der Revolution sich identifizierten, sondern die bereits zur politisch-sozialen Veränderung *im eigenen Lande* aufriefen oder zumindest ihrer publizistischen Tätigkeit eine solche Perspektive verliehen. Unter diesen nahm Rebmann in Norddeutschland eine führende Rolle ein. Aus der Reihe seiner zahlreichen Publikationen kommt mit dem vorliegenden Band ein in Briefform gekleidetes Stück seines schriftstellerischen Schaffens zum Neuabdruck: ein Reisebericht, der allerdings – möglicherweise wegen seiner peinlich genauen Beobachtungen – keinen Ehrenplatz in der antirationalen deutschen Literaturtradition erhalten konnte.

Nun, Rebmann war ein der Vernunft und der gesellschaftlichen Wirklichkeit verpflichteter Schriftsteller, und das hieß, *gesellschaftliche Mißverhältnisse* allerorten zu beobachten: so gestatte man das »den ärmsten Teil des Volkes« betrügende Lotteriewesen, stelle aber die Hasardspiele (»wo schon die Höhe des Einsatzes den gemeinen Mann abhält, Anteil zu nehmen«) unter Strafe. Mit den stehenden Heeren erhalte man »hunderttausend Menschen in einer, im Grunde sklavischen und elenden Lage ... und (entreiße sie) ihrer eigentlichen Bestimmung, um – einen Feind, der ein Land angreift, methodisch totschlagen zu können«. Man stelle kleine Eigentumsdelikte unter strengste Strafe, schone aber die großen Ausbeuter: »Welches Verhältnis ist zwischen der Immoralität eines Soldaten, der in der äußersten Not einen Sack mit Erdäpfeln stiehlt, und eines – Financiers, der den Staat um eine Million betrügt?« Man denaturiere Liebe zum »Gegenstand der kaufmännischen Spekulation«, betrachte den Körper eines Mädchens »nicht viel anders als ein Gegenstand des Handels«. Rebmann erklärt »sozialpsychologisch«, wie diese »unglücklichen Mädchen« – teils früh an eine Kupplerin verkauft und dort »nach einem System von eingeweihten Dirnen (erzogen), das gewiß genauer befolgt wird, als die Systeme unserer Erzieher« – unverschuldet den bitteren Weg von den Salons über die Winkelbordelle bis in die Charité zu Ende gehen müssen.

Von nicht geringerem Interesse sind die erhaltenen literarischen Zeugnisse des Nürnberger Arztes und Kantianers J. B. Erhard, insbesondere seine im Jahre 1795 erschienene Revolutionsschrift, die im gleichen Jahr in mehreren deutschen Ländern von der Zensur verboten wurde.[17]

Mit der Christopher Hill gewidmeten sozialgeschichtlichen Analyse der oppositionellen politischen Strömungen in der Habsburger-Monarchie durch *Ernst Wangermann*[18] sind auch für Österreich die allgemeinen historischen Voraussetzungen einer detaillierten Erforschung der sogenannten »Jakobinerverschwörung« (1794) geschaffen. Unabhängig von Wangermann hat *Leo Stern* darauf hingewiesen, daß die österreichische Geschichtsschreibung »meist mit einigen eiligen und verlegenen Redensarten über die sozialen, politischen und ideologischen Auswirkungen der Französischen Revolution auf Österreich und Ungarn hinweg (geht)«, während sie »im Interesse der Habsburgerlegende die Ära Maria Theresias und Josephs II. mit behäbiger Breite zu schildern weiß«. Wangermanns Darstellung behandelt den Zeitraum vom Regierungsantritt Leopold II. (vorangestellt ist ein Abschnitt über »Die unerwarteten Folgen der josephinischen Reformen«, in dem die soziale Lage und das politische Bewußtsein der privilegierten Klassen und des Volkes unter dem Eindruck der Reformpolitik des aufgeklärten Monarchen Joseph II. treffend skizziert werden) bis zum Abschluß der Jakobinerprozesse im Jahre 1795. Er schreibt die Geschichte der Jahre 1792–1795 als Geschichte der politischen Bewegung einer von den Auswirkungen der Französischen Revolution wie von inneren Unruhen in gleicher Weise bedrohten *Feudalgesellschaft*. Er hebt den breiten Widerstand innerhalb der öffentlichen Meinung gegen den Krieg hervor, geht auf die wichtigsten Organe der oppositionellen Publizistik ein und behandelt die Aktionen der Bauern und des ökonomisch und politisch noch schwach entwickelten Bürgertums im Kampf mit der feudalen Reaktion – ein Kampf, der sich gerade gegenüber der vorsichtigen Abkehr Leopold II. (1790–1792) von den früheren aufklärerischen josephinischen Reformmaßnahmen und dann beim »Neuen Kurs« unter Franz II. ab 1792 verschärfte. Das Bündnis der Monarchie mit den privilegierten Klassen, das Franz wieder herstellte, die »Versöhnung mit den privilegierten Ständen«, war im Innern durch weitere Zensurverschärfung, durch Preisgabe der Agrar- und Verfassungsreformprojekte, durch Wiederherstellung einer gefü-

gigen Polizeibehörde und durch Überwachungs- und Unterdrückungsmaßnahmen (insbesondere gegenüber Ausländern) gekennzeichnet. Aus Enttäuschung über die Abkehr Franz II. von josephinischen und leopoldinischen Reformansätzen erklärt Wangermann den Versuch, gegen die Politik Franz II. die bürgerliche Opposition zu organisieren.
Während der Innsbrucker Kreis ausschließlich aus Studenten bestand, war es in der Steiermark zu gemeinsamem Vorgehen zwischen bürgerlichen Landtagsabgeordneten und bäuerlichen Wählern gekommen. Am stärksten und politisch klarsten hatte sich die bürgerliche Opposition in Ungarn[19] ausgebildet. Auch in Wien hatten sich solche Diskussions- und Lesezirkel gebildet, deren bedeutendster derjenige um Andreas Riedel, Franz Hebenstreit und Georg Ruzsitska war, der sich regelmäßig in Riedels Wohnung traf.
Diese Wiener Jakobiner hat *Alfred Körner,* der bereits aus den Beständen der Wiener Archive eine Biographie A. Riedels mit großer Akribie erarbeitet hat[20], nun in der genannten Reihe »Deutsche revolutionäre Demokraten« dokumentarisch vorgestellt.[21] Der Band schließt nicht nur eine Auswahl literarischer Dokumente der Wiener bürgerlichen Opposition selbst ein – die allerdings wegen der erwähnten Zensurverschärfung nicht hatten gedruckt werden können –, sondern enthält auch Agentenberichte, Verhörprotokolle und andere aufschlußreiche zeitgenössische Publikationen, so daß insgesamt ein klares Bild dieses Wiener Zirkels entsteht. Gespannt sein kann man auf die von *Körner* angekündigte Biographie Franz Hebenstreits, eines universal gebildeten wie gleichermaßen unerschrockenen Kämpfers für eine *soziale Revolution*, der im Aufkommen der bürgerlichen Gesellschaft bereits deren Grenzen erahnte und deshalb für *gesellschaftliche* Gleichheit kämpfte. Hebenstreit konnte, da er als Offizier der militärischen Gerichtsbarkeit unterstand, mit dem Tode bestraft werden. Als er im Januar 1795 das Gerüst betrat, soll er ausgerufen haben: »Solventur vincula populi.« Man wird die Fesseln des Volkes sprengen!
Der deutschen Jakobinismus-Forschung, von der hier nur ein Teil vorgestellt werden sollte[22], ist die Fortsetzung des Aufschwungs des letzten Jahrzehnts zu wünschen.

Anmerkungen zum Deutschen Jakobinismus

[1] Wilhelm Blos, Die Französische Revolution. Volkstümliche Darstellung der Ereignisse und Zustände in Frankreich von 1784–1804. Dietz: Stuttgart 1888 (37. Tsd. ebd. 1906).
Karl Kautsky, Die Klassengegensätze von 1789. Zum hundertjährigen Gedenktag der großen Revolution. Dietz: Stuttgart 1889. 2. Aufl. u. d. T. Die Klassengegensätze im Zeitalter der Französischen Revolution. Ebd. 1908.
Heinrich Cunow, Die Parteien der großen französischen Revolution und ihre Presse. Berlin 1912.

[2] Alphonse Aulard, Politische Geschichte der Französischen Revolution. Entstehung und Entwicklung der Demokratie und der Republik. 1789–1804. Übersetzt von Hedwig Hintze. 2 Bände. München & Leipzig 1924 (zuerst: Paris 1901).

[3] Albert Mathiez, Die Französische Revolution. 3 Bände (Dritter Band von G. Lefebvre). Hamburg 1950 (zuerst: Paris 1922–1927).

[4] Albert Soboul, Die Sektionen von Paris im Jahre II. Bearbeitet und herausgegeben von Walter Markov. Berlin 1962.

[5] George Rudé, Die Massen in der französischen Revolution. München & Wien 1961 (zuerst englisch: London 1959).

[6] H.-O. Sieburg im Sonderheft 2 der Historischen Zeitschrift (München 1965).

[7] Eine ausgezeichnete Kritik der differenzierten Muster der bürgerlichen Geschichtsschreibung am Beispiel der Mainzer Republik bietet H. Scheel, Die Mainzer Republik im Spiegel der deutschen Geschichtsschreibung. In: Jahrbuch für Geschichte 4 (1969), S. 9–72.

[8] H. Scheel (Hg.), Jakobinische Flugschriften aus dem deutschen Süden Ende des 18. Jahrhunderts. Berlin 1965, S. 3.
Der Scheelschen Publikation jakobinischer Flugschriften ist inzwischen eine Dokumentation der politischen Lyrik deutscher Jakobiner von H. W. Engels gefolgt. Hans Werner Engels, Gedichte und Lieder deutscher Jakobiner [Deutsche revolutionäre Demokraten. Herausgegeben und eingeleitet von Walter Grab. Band I.] Metzler: Stuttgart 1971.
Aus der Reihe: »Deutsche revolutionäre Demokraten« sind zwei weitere Bände zu nennen:
Gerhard Steiner, Jakobinerschauspiel und Jakobinertheater (Band IV). Metzler: Stuttgart 1973.
Walter Grab, Leben und Werke norddeutscher Jakobiner: H. Würzer, G. C. Meyer, H. Chr. Albrecht (Band V). Metzler: Stuttgart 1973.

[9] Heinrich Scheel, Süddeutsche Jakobiner. Klassenkämpfe und republikanische Bestrebungen im deutschen Süden Ende des 18. Jahrhunderts (Deutsche Akademie der Wissenschaften zu Berlin. Schriften des Instituts für Geschichte, Reihe I, Band 13). Akademie Verlag: Berlin 1962, ²1971.

[10] Daß dies von der hiesigen Geschichtswissenschaft nicht einmal mehr als Provokation aufgefaßt wird, kennzeichnet das geschlossene Weltbild, in dem man sich dort verschanzt hat. Grundtenor der Rezensionen des

Scheelschen Werkes ist das Gefühl, »daß die dem Buch letztlich innewohnende Tendenz, die Richtigkeit der marxistischen Klassiker zu beweisen, in der Geschichtswissenschaft zu Irrtümern führen muß« (J. Sydow, in: Historisches Jahrbuch, 84. Jg. (1964), S. 440–442).

[11] Mehr darüber in: C. Träger (Hg.), Mainz zwischen Rot und Schwarz. Die Mainzer Revolution 1792–1793 in Schriften, Reden und Briefen. Berlin 1963. Heinrich Scheel (Hg.), Die Mainzer Republik I. Protokolle des Jakobinerklubs. Berlin 1975.

[12] Vgl. dazu die Kontroverse in: Zur Frage des Charakters der französischen Kriege in bezug auf die Entwicklung in Deutschland in den Jahren 1792 bis 1815 (Protokoll der Arbeitstagung des Instituts für Geschichte an der Deutschen Akademie der Wissenschaften zu Berlin vom 18. November 1956). Berlin 1958.

[13] Von den inzwischen zahlreichen Veröffentlichungen W. Grabs seien hier nur genannt:
– Demokratische Strömungen in Hamburg und Schleswig-Holstein zur Zeit der ersten Französischen Republik (Veröffentlichungen des Vereins für Hamburgische Geschichte, Band XXI). Hamburg 1966.
– Norddeutsche Jakobiner. Demokratische Bestrebungen zur Zeit der Französischen Revolution (Hamburger Studien zur neueren Geschichte. Hrsg. von Fritz Fischer, Band 8). Europäische Verlagsanstalt: Frankfurt M. 1967.
– Eroberung oder Befreiung? Deutsche Jakobiner und die Franzosenherrschaft im Rheinland 1792–1799 (Schriften aus dem Karl-Marx-Haus, Heft 4). Trier 1971.

[14] Von deutscher Republik. 1775–1795. I. Aktuelle Provokationen. Hrsg. von Jost Hermand. sammlung insel, 41/1. Insel Verlag: Frankfurt/M. 1968. Von deutscher Republik. 1775–1795. II. Theoretische Grundlagen. Hrsg. von Jost Hermand. sammlung insel, 41/2. Insel Verlag: Frankfurt/M. 1968. Wesentlich gelungener ist in dieser Hinsicht allerdings die einen größeren historischen Zeitraum einschließende Textausgabe von W. Grab und U. Friesel, weil sie die literarischen und poetischen Zeugnisse der Freiheitsdichter in ihren historischen Zusammenhang stellt und nicht den ästhetischen, sondern den politischen Gehalt betont. (Walter Grab / Uwe Friesel, Noch ist Deutschland nicht verloren. Eine historisch-politische Analyse unterdrückter Lyrik von der Französischen Revolution bis zur Reichsgründung. München 1970. Überarbeitete und ungekürzte Ausgabe. München 1973.)

[15] Adolph Freiherr von Knigge, Josephs von Wurmbrands ... politisches Glaubensbekenntnis, mit Hinsicht auf die französische Revolution und deren Folgen. Hrsg. und mit einem Nachwort versehen von Gerhard Steiner. Frankfurt/M. 1968.

[16] G. F. Rebmann, Kosmopolitische Wanderungen durch einen Teil Deutschlands. Hrsg. und eingeleitet von Hedwig Voegt. Frankfurt/M. 1968. Die Herausgeberin dieses Bandes war eine der ersten, die sich die Erforschung des deutschen Jakobinismus zur Aufgabe gesetzt hatte. Vgl. Hedwig Voegt, Die deutsche jakobinische Literatur und Publizistik 1789–1800. Berlin 1955.

[17] Johann Benjamin Erhard, Über das Recht des Volkes zu einer Revolution und andere Schriften. Hrsg. von Hellmut G. Haasis. München

²1970. Vgl. zu Erhard auch: Zwi Batscha, Johann Benjamin Erhards politische Theorie. In: Walter Grab (Hg.), Jahrbuch des Instituts für Deutsche Geschichte. Band I. Universität Tel-Aviv 1972, S. 53–75.

[18] Ernst Wangermann, Von Joseph II. zu den Jakobinerprozessen (Geist und Gesellschaft. Texte zum Studium der sozialen Entwicklung. Hrsg. von Fritz Klenner und Erich Pogats). Wien 1966 (zuerst: From Joseph II. to the Jacobin Trials. London 1959, ²1967).

[19] Vgl. dazu Kalman Benda, Die ungarischen Jakobiner. In: Maximilien Robespierre, Hrsg. von Walter Markov, a. a. O., S. 401–434. Benda gab auch eine dreibändige Sammlung der Schriften ungarischer Jakobiner heraus: A Magyar Jakobinusok iratai. Budapest 1957.

[20] Alfred Körner, Andreas Riedel. Ein politisches Schicksal im Zeitalter der Französischen Revolution. (Phil. Diss.) Köln 1969.

[21] Ders., Die Wiener Jakobiner. »Homo hominibus« (Franz Hebenstreit): Übersetzung und Kommentar von Franz-Joseph Schuh (Deutsche revolutionäre Demokraten. Band III). Stuttgart 1972.

[22] Ausführliche bibliographische Angaben zum deutschen Jakobinismus finden sich in: Walter Grab, Leben und Werke und deutscher Jakobiner, Stuttgart 1973.

Ausgewähltes Literaturverzeichnis

Aus der kaum übersehbaren Anzahl einschlägiger Veröffentlichungen sollen nur diejenigen Werke kurz genannt werden, die entweder in der Revolutionsgeschichtsschreibung oder in der gegenwärtigen Diskussion von herausragender Bedeutung sind.
Unter den im 19. Jahrhundert erschienen Geschichten der Französischen Revolution kommt wegen seiner literarischen Qualität dem Werk von *Michelet* besondere Bedeutung zu (1847–1853).
A. de Tocquevilles »L'Ancien Régime et la Révolution« (1856, Neuauflage mit einer Einleitung von *G. Lefebvre* 1952; deutsche Übersetzung: »Der alte Staat und die Revolution«, Hamburg 1969) eröffnet in erster Linie Wege zum Verständnis der Epoche, ohne daß eine Verlaufsschilderung der Ereignisse damit verbunden wird.
»Les origines de la France contemporaine« von *H. Taine* (erschienen in 6 Bdn., Paris 1876–1893; mehrere dt. Übersetzungen) zeichnet sich vornehmlich durch heftigste anti-revolutionäre Parteinahme aus.
Die Studien zur Revolutionsgeschichte erhielten gegen Ende des 19. und zu Beginn des 20. Jahrhunderts einen neuen Anstoß. Hierfür waren im wesentlichen folgende Bücher verantwortlich:
A. Aulard, »Histoire politique de la Révolution Francaise« (Paris 1901; dt. Übersetzung: »Politische Geschichte der französischen Revolution«, München-Leipzig 1924); vor allem aber auch
J. Jaurès, »Histoire socialiste de la Révolution francaise« (4. Bde., Paris 1901–1904; neu hrsg. von *A. Soboul* in 7 Bdn., Paris 1968–1973) und
A. Mathiez, »La Révolution francaise« (3 Bde., dritter Band von *G. Lefebvre*, Paris 1922–1927; dt. Ausgabe: »Die Französische Revolution«, Hamburg 1950).
Ganz wesentlich ist auch »La Révolution francaise« von *G. Lefebvre* (Paris 1951, 6., von *A. Soboul* bearbeitete Aufl. 1968) und ferner das Gesamtwerk desselben Autors.
Eine brillante Skizze liefert *E. Labrousse* in »Le XVIIIe siècle« sowie in der »Révolution intellectuelle, technique et politique (1715–1815)« (zusammen mit *R. Mousnier* und *M. Bouloiseau*, 5. Aufl. 1967).
Zum neueren Stand sei verwiesen auf *A. Soboul*, »Précis d'histoire de la Révolution francaise« (Paris 1962; dt. Übersetzung: »Die Große Französische Revolution«, 2. Aufl. Frankfurt-Köln 1976).
Unter bibliographischem Gesichtspunkt sind vor allem *P. Caron*, »Manuel pratique pour l'étude de la Révolution francaise« (Paris 1912, aktualisierte Ausgabe 1947) und *J. Godechot*, »Les Révolutions (1770–1799)« (3. Aufl. Paris 1970) zu nennen.
(Zur Literatur über die Französische Revolution vgl. ferner J. Heilmann, P. Krause-Vilmar, »zum deutschen Jakobinismus«; Nachwort zu diesem Band, S. 142ff.)

(J. H.)

DIE GROSSE FRANZÖSISCHE REVOLUTION

Albert Soboul

Verbilligte Sonderausgabe in einem Band
Herausgegeben und übersetzt von
Joachim Heilmann und Dietfrid Krause-Vilmar
608 Seiten, kartoniert 29,80 DM

Die Sozialgeschichte der Französischen Revolution von 1789 ist bis heute weitgehend ungeschrieben geblieben. Albert Sobouls Darstellung der Revolution versucht, diese Lücke zu schließen, und leistet damit eine wesentliche Vorarbeit zum Verständnis der Entwicklung der bürgerlichen Gesellschaft bis in die Gegenwart.
Die Französische Revolution bildet zusammen mit den holländischen und englischen Revolutionen des 17. Jahrhunderts die Krönung einer langen ökonomischen und sozialen Entwicklung, die schließlich die Bourgeoisie zur Herrin der Welt machte. Die bürgerlichen Historiker konnten das Wesentliche dieser historischen Umwälzungen nicht aufhellen: daß sich diese Revolutionen in letzter Konsequenz durch den Widerspruch zwischen den Produktionsverhältnissen und dem Entwicklungsstand der Produktivität erklären und daß dieser ungelöste Widerspruch auch die Basis der proletarischen Revolutionen des zwanzigsten Jahrhunderts bildete. Deshalb und angesichts der traditionellen Misere der deutschen Geschichtsschreibung erhält Sobouls Darstellung für den deutschen Leser eine besondere Bedeutung.

 **Europäische Verlagsanstalt**
Postfach 210140 · 5000 Köln 21

WAGENBACHS TASCHENBÜCHEREI

Franz Kafka. In der Strafkolonie Hrsg.: Klaus Wagenbach. *WaT 1. 96 Seiten. DM 5,–*
Faust. Ein deutscher Mann Lesebuch von Klaus Völker. *WaT 2. 192 Seiten. DM 6,50*
1848/49: Bürgerkrieg in Baden Hrsg.: Wolfgang Dreßen. *WaT 3. 160 Seiten. DM 6,–*
Länderkunde: Indonesien Von Einar Schlereth. *WaT 4. 128 Seiten. DM 5,50*
Schlaraffenland, nimms in die Hand! Kochbuch für Gesellschaften. *WaT 5. DM 7,50*
Peter Brückner, Kotzebue und Sand. 1819. *WaT 6. 128 Seiten. DM 5,50*
Auf dem Langen Marsch Hg. Dietmar Albrecht, Dirk Betke. *WaT 7. 160 Seiten. DM 7.–*
Die Geschichte des Doktor Frankenstein Hg. Susanne Foerster. *WaT 8. DM 5,–*
Babeuf. Der Krieg zwischen Reich und Arm *WaT 9. 128 Seiten. DM 6.–*
William Beckford: Die Geschichte des Kalifen Vathek *WaT 10. 192 Seiten. DM 7,50*
1886, Haymarket Hg. Horst Karasek. *WaT 11. 192 Seiten. DM 8,50*
Jonas Geist. Das Holstentor zu Lübeck. *WaT 12. 144 Seiten. DM 6,50*
Die Schlacht unter dem Regenbogen Frankenhausen 1525, ein Lehrstück aus dem Bauernkrieg. Von Ludwig Fischer. *WaT 13. 192 Seiten. DM 8,50*
Barbara Beck/Horst Kurnitzky; Zapata *WaT 14. 160 Seiten. DM 6,50*
Weißer Lotus, Rote Bärte Geheimgesellschaften in China. *WaT 15. 192 Seiten. DM 8.–*
Die Kommune der Wiedertäufer. Von Horst Karasek. *WaT 16. 160 Seiten. DM 7,50*
Grand Guignol Das blutige Theater Frankreichs. *WaT 17. 128 Seiten. DM 6,50*
131 expressionistische Gedichte Hrsg.: Peter Rühmkorf. *WaT 18. 160 Seiten. DM 7,50*
Peter O. Chotjewitz/Aldo De Jaco, Die Briganten *WaT 19. 192 Seiten. DM 7,50*
Die Scheidung von San Domingo Wie die Negersklaven von Haiti Robespierre beim Wort nahmen. Dokumentation von Hans Christoph Buch. *WaT 20. 192 Seiten. DM 8,–*
Erich Mühsam, Fanal Aufsätze und Gedichte. *WaT 22. 192 Seiten. DM 8,50*
Albert Soboul, Gedichte d. Franz. Revolution *WaT 23. 160 Seiten. DM 7,50*
Der Automaten-Mensch E. T. A. Hoffmanns Erzählung vom »Sandmann«, auseinandergeschnitten und zusammengesetzt von Lienhard Wawrzyn. *WaT 24. 160 Seiten. DM 7,50*
Gewalt in der Ehe Herausgegeben von Sarah Haffner. *WaT 25. 224 Seiten. DM 10,–*
Corado Stajano: Der Staatsfeind *WaT 26. 160 Seiten. DM 7,50*
80 Barockgedichte Hrsg.: Herbert Heckmann. *WaT 27. 128 Seiten. DM 6,50*
Peter Brückner: Ulrike M. Meinhof U. die deutschen Verhältnisse. *WaT 29. DM 8,50*
Bettina von Arnim Von Gisela Dischner. *WaT 30. 192 Seiten. DM 9,50*
Die Päpstin Johanna Ein Lesebuch von Klaus Völker. *WaT 31. 128 Seiten. DM 6,50*
Charles Fourier: Aus der Neuen Liebeswelt *WaT 32. 206 Seiten. DM 9,50*
Der Schinderhannes *WaT 34. 160 Seiten. DM 8,–*
Baudelaire 1848. Hg. Oskar Sahlberg. *WaT 35. 160 Seiten. DM 8,–*
Die Salpeterer Hrsg.: Thomas Lehner. *WaT 36. 128 Seiten. DM 7,50*
G. B. Fuchs, Der Große Unordentliche *WaT 39. 160 Seiten. DM 7,50*
Jetzt schlägt's 13 Hg. Klaus Wagenbach. *WaT 40. 192 Seiten. DM 7,–*
Sil Schmid, Freiheit heilt *WaT 41. 128 Seiten. DM 7,–*
Lessings »Nathan« Hg. Helmut Göbel. *WaT 43. 256 Seiten. DM 8,50*